LA MENTALITÉ AMÉRICAINE

HOWARD ZINN

LA MENTALITÉ AMÉRICAINE

AU-DELÀ DE BARACK OBAMA

Traduit de l'anglais par Nicolas Calvé

La collection « Instinct de liberté », dirigée par Marie-Eve Lamy et Sylvain Beaudet, propose des textes susceptibles d'approfondir la réflexion quant à l'avènement d'une société nouvelle, sensible aux principes libertaires.

Titre original de *Au-delà de Barack Obama* : *Beyond Obama*

Titre original de *La loi et la justice* : *Law and Justice*

Titre original de *Du refus d'abandonner* : *Failure to Quit*

www.luxediteur.com

Dépôt légal : 3e trimestre 2009
Bibliothèque et Archives Canada
Bibliothèque et Archives nationales du Québec
ISBN 978-2-89596-086-7

Ouvrage publié avec le concours du Conseil des arts du Canada, du programme de crédit d'impôts du gouvernement du Québec et de la SODEC. Nous reconnaissons l'aide financière du gouvernement du Canada, offerte par l'entremise du Programme d'aide au développement de l'industrie de l'édition (PADIÉ), pour nos activités d'édition.

Note de l'éditeur

La victoire électorale de Barack Obama a provoqué, non sans raison, un soulagement universel. Le nouveau président a bouté hors de Washington un gouvernement dont la diplomatie parlait le langage de la force à l'état pur, et dont les membres justifiaient leurs propres turpitudes en produisant une extraordinaire inflation de mots et d'images orwelliens. De voir les rideaux tomber sur ce sinistre spectacle méritait une acclamation. Mais au-delà de cet événement conjoncturel, un enjeux d'importance doit retenir notre attention : celui de comprendre la mentalité politique américaine qui, selon toute vraisemblance, est à l'origine du meilleur comme du pire. Les trois textes de Howard Zinn réunis en ces pages abordent de front l'histoire de la morale civique du peuple américain. L'histoire américaine, rappelle Howard Zinn, a forgé des dispositions politiques qui freinent le progrès social et briment la liberté, et d'autres qui les rendent possibles. Le contexte actuel exige plus que jamais que l'on sache les distinguer car, pour reprendre le mot de Thomas Paine, la cause des États-Unis est aujourd'hui à maints égard celle de l'humanité.

Le premier texte, « Au-delà de Barack Obama », est une conférence donnée à Montréal, en novembre 2009, tout juste après l'élection de Barack Obama à la présidence des États-Unis d'Amérique. Le second, « La loi et la justice » raconte l'histoire des combats pour la justice aux États-Unis, lesquelles luttes, affirme Zinn dans « Du refus d'abandonner », constituent une raison suffisante d'espérer le mieux pour la liberté. L'ensemble dresse un portrait saisissant des mœurs politiques du peuple américain, en prenant soin de mettre face-à-face ses vices et ses vertus.

Le principal vice de la mentalité américaine serait ce patriotisme de pacotille qui, sous couvert de célébrer l'unité du pays, masque les différences réelles et les violences qui en marquent la vie quotidienne.

Aux États-Unis, souligne Zinn, la culture distille un langage englobant qui laisse entendre que le peuple américain est une grande famille unie. On y grandit avec l'idée que tout le monde partage les mêmes intérêts et que la défense nationale, ou les enjeux vitaux de la nation, signifient la même chose pour le PDG d'Exxon que pour ses employés. Cette mentalité bloque toute discussion sur les inégalités sociales, voire même le débat politique, puisqu'à ses yeux la dissension procède de la haute trahison. Cet état d'esprit envoûte et accable la population, il la flatte en la persuadant de la mission « civilisatrice » et de la supériorité des États-Unis, l'entraînant ainsi avec enthousiasme dans une suite ininterrompue de guerres.

Les Américains, heureusement, savent aussi d'expérience qu'un peuple a plus à craindre de l'oppression que de la résistance. Il existe dans ce pays une solide tradition de désobéissance civile, témoignage vivant d'un attachement à la liberté. Cette tradition, soutient Zinn, repose sur la conscience de la différence entre l'idée de la justice, qui fait la valeur et la grandeur de la démocratie, et les lois positives, que les gouvernements appliquent souvent aveuglément. On ne peut, par exemple, soutenir que les hommes naissent libres et égaux et défendre la ségrégation raciale. La justice réclame la désobéissance aux lois racistes. Dans « La loi et la justice », Howard Zinn rappelle que les tribunaux reconnaissent parfois cette exigence. Nombreux sont les exemples de jury qui ont admis la nécessité d'enfreindre la loi pour dénoncer l'injustice d'un acte gouvernemental, en particulier lors de la contestation de la guerre du Vietnam.

La mentalité américaine est donc déchirée. D'un côté, elle est habitée par un penchant à consentir et à s'adapter benoîtement aux puissances de faits : les entreprises, les lois, les décisions gouvernementales, l'armée, etc. De l'autre, elle cultive un esprit d'insubordination et une conscience morale promptes à soumettre la réalité aux plus hautes exigences de la liberté. Les impératifs de la loi morale ont cependant ce défaut de n'être qu'un idéal, tandis que les puissances établies ont pour principal mérite d'exister. La morale, la désobéissance et la révolte ne sauraient fonder l'ordre normal des choses. Ce sont-là des positions limites qui surviennent quand le consentement à la loi et l'ordre devient humainement insoutenable. La liberté ne se trouve donc pas davantage dans la désobéissance que dans l'obéissance. Elle se situe dans la capacité de juger des implications de l'une et l'autre de ces attitudes, et d'agir en conséquence. L'avenir du peuple américain est dans sa capacité de se décider en faveur de telles actions.

Dans ce livre de Howard Zinn, on redécouvre, à force d'exemples tirés de l'histoire et de son expérience personnelle, tout ce que la liberté doit à la désobéissance civile et aux combats politiques aux États-Unis. On apprend surtout qu'elle ne doit rien au patriotisme frelaté dont s'abreuvent les néoconservateurs et le militarisme américains. On prend à nouveau conscience que c'est à ces luttes, et non aux généraux, que Barack Obama doit d'entrer à la Maison-Blanche pour diriger le pays et non pour y récurer les latrines. On comprend surtout de quel côté le vent du changement soufflera aux États-Unis.

Au-delà de Barack Obama

Merci infiniment de m'avoir invité à Montréal. Merci de vous être déplacés jusqu'ici et de prendre la peine de m'écouter, quoi que j'aie à dire.

Je crois comprendre, comme on me l'a expliqué plus tôt, que les Canadiens se sont montrés plus intéressés par la campagne électorale américaine que par celle qui s'est déroulée dans leur propre pays. Voilà qui est bien compréhensible, car il importe de se préoccuper du pouvoir, de l'influence et du rayonnement des États-Unis. Un ami humoriste politique, très critique envers le gouvernement de notre pays, se fait parfois interpeller de la sorte : « Si vous n'aimez pas ce que fait le gouvernement, pourquoi ne quittez-vous pas le pays ? » À cette question, il répond : « Je ne m'en irai pas, car je ne veux pas devenir une victime de la politique étrangère américaine. »

Je comprends donc votre intérêt : vous ne souhaitez pas être victimes de la politique étrangère américaine. Aux États-Unis, nous le sommes déjà, et c'est bien assez.

Permettez-moi d'abord de parler de Barack Obama. Pendant la campagne électorale (je ne sais si l'un d'entre vous s'en souvient, mais ça m'a frappé), il a déclaré : « Nous devons nous retirer d'Irak, mais, chose plus importante, nous devons nous défaire de l'état d'esprit qui nous y a amenés. » Je me suis dit qu'il s'agissait d'une question de la plus haute importance.

J'aimerais donc me pencher sur cet état d'esprit, qui envoûte et accable la population américaine depuis très longtemps et qui a permis au gouvernement des États-Unis d'entraîner celle-ci dans une suite ininterrompue de guerres en bénéficiant de son appui massif, à tout le moins à leurs débuts. Cette question de l'état d'esprit est donc très importante, et je souhaite en décortiquer les éléments.

Le premier élément dont j'aimerais traiter est une notion avec laquelle on grandit aux États-Unis. Quand je parle de l'état d'esprit qui domine dans mon pays, je le fais en ne sachant pas s'il en va de même au Canada ; à vous d'en juger. Toujours est-il que, aux États-Unis, on grandit avec l'idée voulant que tout le monde partage les mêmes intérêts, qu'il s'agisse de la population ou du gouvernement. Nous ne ferions qu'un. Notre culture distille effectivement un langage englobant qui fait de nous tous les membres heureux d'une même grande famille. Il y est question de sécurité nationale, d'intérêt national, de défense nationale… C'est comme si ces mots avaient la même signification pour tout le monde, comme si « sécurité nationale » voulait dire la même chose pour le PDG d'Exxon que pour ses employés, comme si l'intérêt national était le même pour les politiciens de Washington que pour les simples soldats envoyés au front.

Cette perception remonte à l'aube de l'histoire des États-Unis. On la trouve dans le préambule de la Constitution : « Nous, le peuple des États-Unis… » Il semble donc que, dès le départ, nous, le peuple, ayons fondé ce pays et que nous, le peuple, ayons adopté cette constitution.

Dans les faits, cependant, « nous, le peuple », n'y étions pour rien. Ce sont 55 hommes riches et blancs qui, réunis à Philadelphie en 1787, ont adopté la Constitution, document qu'ils avaient rédigé dans le but de servir leurs propres intérêts, en d'autres mots ceux de leur propre classe sociale. Toutefois, on n'a pas présenté le document sous cet angle, mais plutôt comme un instrument voué au bien commun.

Il va sans dire que les Noirs savaient que la Constitution n'était pas faite pour eux. Les

Autochtones aussi. Les Britanniques avaient fixé la limite occidentale des colonies ; il ne fallait pas la franchir, sans quoi on risquait d'avoir des ennuis. Après la révolution, une fois les Britanniques expulsés, on a aboli cette frontière : les colons pouvaient désormais s'établir en territoire indien.

Dès le départ, les États-Unis étaient un pays de riches et de pauvres, de propriétaires terriens et de fermiers, de maîtres et d'esclaves. Dès le départ y ont fait rage des conflits : rébellions d'esclaves, soulèvements de fermiers, émeutes de la faim dans les villes... Dans notre pays, on ne nous apprend rien à ce propos. C'est tout comme si nous étions une belle grande famille et que nous avions combattu l'Angleterre main dans la main lors de la révolution. Ce n'est pourtant pas le cas, car la guerre d'indépendance ne faisait pas l'unanimité.

À ce propos, je ne vous apprends rien : nombreux sont ceux qui sont partis pour s'installer au Canada. De plus, l'armée de George Washington éprouvait des difficultés de recrutement : ce dernier avait dû mandater un général dans les colonies du Sud pour contraindre, à la pointe du fusil, les jeunes à s'engager. Pendant la guerre d'indépendance, des mutineries ont eu lieu. Mais aux États-Unis, les cours d'histoire ne disent rien de tout cela. Ils n'en ont que pour la bravoure des soldats de Washington, pour Valley Forge et pour les batailles héroïques contre l'Angleterre. Rien sur les mutineries.

Qui étaient ces soldats ? La plupart étaient des gens ordinaires n'ayant pas pris part à la révolution au nom de ces grandes idées que sont la démocratie et la liberté, mais plutôt parce qu'ils menaient une vie misérable et cherchaient un moyen d'améliorer leur sort. Bref, pour les mêmes raisons qui poussent souvent les jeunes à s'enrôler dans l'armée, mais aussi parce qu'on les attirait en leur promettant une parcelle de terre au terme de la guerre. Toutefois, en se joignant aux rangs de l'armée de Washington, ces jeunes fermiers ont constaté que les officiers étaient bien vêtus, bien nourris et bien payés, tandis que les simples soldats devaient se contenter de fricot, fournir leurs propres bottes, se passer d'uniformes dignes de ce nom et tirer une croix sur leur solde. Ils se sont donc révoltés, mutinés par milliers. Le chef d'état-major a d'abord dû faire des concessions à ces militaires, mais, après un certain temps, il a décidé d'en faire exécuter quelques-uns pour donner l'exemple aux autres. Dans nombre de cas, il a confié cette tâche à leurs propres camarades.

Ce que je veux dire, en fait, c'est qu'il y avait lutte des classes avant, pendant et après la révolution. Après la révolution, les soldats auxquels on avait octroyé des parcelles de terre ont constaté que celles-ci faisaient l'objet de lourdes taxes, instaurées par les riches dominant les assemblées législatives des États. En 1786 et en 1787, ces fermiers se sont donc insurgés. C'est ainsi qu'a eu lieu la révolte de Shays [1], dans l'ouest du Massachusetts, et des soulèvements dans d'autres États. Ils étaient des milliers à encercler les palais de justice afin d'empêcher les juges de saisir leurs fermes et leurs terres pour cause d'incapacité à payer leurs taxes. Une armée, levée par les riches dominant les assemblées législatives des États, a écrasé la rébellion, mais cette dernière avait tout de même semé l'effroi chez les pères fondateurs. Au moment de l'adoption de la Constitution, en 1787, elle était encore toute fraîche à leur mémoire. À la lecture de leur correspondance, on constate qu'ils se demandaient bien quoi faire.

Un général, ancien compagnon d'armes de Washington, lui a écrit ceci : « Les soldats qui ont participé à la guerre d'indépendance croient mériter, pour cette seule raison, une part égale de la richesse du pays. » Pas question ! On a défini la Constitution en vue de mettre en place un État fort, apte à réprimer la rébellion des pauvres ou des esclaves et à protéger les colons contre les Autochtones qui semblaient croire que le territoire sur lequel ceux-ci s'installaient était le leur.

1. Shays : ouvrier agricole, démobilisé et qui n'avait pas reçu le versement de sa solde. [NdE]

Il y avait donc bel et bien lutte des classes. La Constitution défendait les intérêts d'une classe, celle des détenteurs d'obligations, des propriétaires d'esclaves, des marchands et des spéculateurs des terres de l'Ouest. Ce document a scellé la domination d'une classe sur les autres pour toute l'histoire des États-Unis. Dès lors, les gouvernements n'ont eu pour raison d'être que de servir les intérêts de l'élite fortunée.

De temps à autre ont eu lieu quelques progrès. En de rares moments de l'histoire, par leurs pressions et protestations, des travailleurs, des défavorisés et des démunis ont pu contraindre le gouvernement à faire quelque chose pour eux, comme on l'a vu dans les années 1930, ou encore dans les années 1960, quand les Noirs se sont soulevés dans tout le pays. Toutefois, la plupart du temps, le gouvernement n'a défendu qu'un intérêt, et il ne s'agissait pas du bien commun. Cette affirmation s'avère tout à fait fondée en ce qui concerne les dernières décennies, en particulier quant aux années de la présidence de George W. Bush, pendant laquelle l'usuelle domination de classe a atteint des sommets inégalés. Tant et si bien qu'on a finalement commencé à la reconnaître comme telle, ce qui, je crois, a contribué pour une bonne part à la victoire du Parti démocrate et de Barack Obama.

L'idée voulant que tout le monde partage les mêmes intérêts fait donc partie de cet état d'esprit. Ce dernier comporte un autre aspect, que le gouvernement exploite pour convaincre la population de la nécessité d'une guerre, à tout le moins lors de sa phase initiale : l'exceptionnalisme américain.

Expression d'usage courant en sciences humaines, l'exceptionnalisme est l'idée selon laquelle les États-Unis sont uniques, différents, une « ville construite sur une colline élevée [1] » vers laquelle le monde entier aurait le regard tourné ; pas seulement différents, mais supérieurs, incarnant la liberté et la démocratie et voués à les apporter au reste du monde.

C'est ici que la connaissance de l'histoire se montre utile. C'est bien triste à dire, mais celle des États-Unis n'a rien d'une mission aux quatre coins du monde en vue d'améliorer le sort des peuples. Nous ne sommes pas les boy-scouts de la planète. Non, l'histoire des États-Unis est une histoire d'expansion territoriale sur le continent.

Je me rappelle mes années d'école, où l'on nous montrait des cartes schématisant ce que

1. L'expresion est tirée de l'Évangile de Thomas 32. Jésus lui dit : « Une ville construite sur une colline élevée et fortifiée ne peut pas tomber, et ne peut être cachée. » [NdE]

l'on désignait sous le nom de « marche vers l'Ouest ». « Marche » est un terme anodin, dénué de violence. On peut presque qualifier de naturelle la marche d'un pays. Quand on nous a parlé de l'achat de la Louisiane, autre événement anodin, je me souviens m'être dit ceci : « Les États-Unis ont acquis ce vaste territoire ! C'est merveilleux, il était vide ! » Vraiment ? On ne nous avait rien dit des centaines de tribus autochtones qui y vivaient et qui en ont été chassées ou que l'on a anéanties pour permettre aux États-Unis de l'occuper et de doubler leur superficie.

Est ensuite survenu ce que l'on a appelé « la cession mexicaine [1] ». L'idée de cession renferme celle de don : c'est comme si, par pure bonté, les Mexicains nous avaient donné presque la moitié de leur territoire. Il n'en avait pourtant rien été : les États-Unis avaient déclenché une guerre offensive contre le Mexique. De nos jours, on construit un mur le long de la frontière méridionale de la Californie dans le but d'empêcher les Mexicains de pénétrer sur le territoire qu'on leur a volé. Alors, la marche vers l'Ouest...

L'étape suivante de l'expansion a eu lieu dans les Caraïbes. N'allions-nous pas libérer

1. Traité de Guadalupe Hidalgo, le 2 février 1848. [NdE]

les Cubains des griffes de l'Espagne ? Ce n'est pas faux : les États-Unis ont bel et bien libéré les Cubains de l'Espagne. Ce n'était cependant que pour mieux prendre sa place, avec la United Fruit, les compagnies de chemin de fer et les grandes entreprises. Ainsi avons-nous marché vers les Caraïbes.

Ce n'était pas fini : l'expansion s'est ensuite poursuivie à travers le Pacifique, d'abord à Hawaii, puis aux Philippines, où nous avons mené plusieurs années durant une guerre sanglante, à propos de laquelle, soit dit en passant, les manuels d'histoire disent peu de chose. Ceux-ci n'en ont que pour la guerre hispano-américaine, les faits d'armes de Theodore Roosevelt et les Rough Riders, alors que la guerre américano-philippine, que l'on aborde toujours plutôt sommairement, a peut-être fait 600 000 morts du côté philippin.

Et l'histoire de l'expansion des États-Unis se poursuit, trop longue pour que j'en aborde ici tous les détails. Bien sûr, à la suite de la Seconde Guerre mondiale, la puissance des États-Unis s'étendait partout : ils ont vite possédé des bases militaires dans 100 pays. L'idée voulant que les États-Unis représentent une exception dans l'histoire de l'impérialisme dans le monde est donc fausse. Mais s'il est possible de convaincre le peuple américain du caractère bénéfique de l'expansion territoriale de leur pays et du fait que celle-ci a pour but d'apporter aux autres liberté et démocratie, il devient concevable pour un président de déclarer – surtout si ce peuple a été maintenu dans l'ignorance de son histoire et de celle de l'expansionnisme américain – que l'invasion de l'Irak s'inscrit dans cette optique et qu'elle profiterait par ailleurs à l'ensemble du Moyen-Orient. Voilà un élément crucial de l'état d'esprit dont il est ici question.

Autre élément : le patriotisme. Toute critique du gouvernement traduirait une attitude anti-patriotique, dont il faut à tout prix éviter d'être accusé. Ce mot et ses significations ne font l'objet d'aucun regard critique dans le monde de l'éducation, si bien que l'idée voulant que le patriotisme implique une allégeance entière au gouvernement se répand. Quiconque désobéit fait preuve d'antipatriotisme.

Mark Twain, l'un de nos grands auteurs, faisait la différence entre le gouvernement et le pays. « Le patriote est celui qui défend son pays tout le temps et son gouvernement quand il le mérite », disait-il. La Déclaration d'indépendance, texte philosophique fondateur de la démocratie américaine, marque clairement cette distinction en affirmant que les gouvernements sont établis par le peuple, dont ils sont la création, et existent en vue de l'accomplissement de certaines fins, dont le droit pour tous à la vie, à la liberté et à la recherche du bonheur.

La Déclaration d'indépendance stipule que : « Toutes les fois qu'une forme de gouvernement devient destructive de ce but, le peuple a le droit de la changer ou de l'abolir et d'établir un nouveau gouvernement. »

Il est intéressant de constater que chaque année, le 4 juillet, jour de l'indépendance, la Déclaration est reproduite intégralement dans les journaux du pays, mais sans que l'on mette en évidence ses passages affirmant que le gouvernement est une création de toutes pièces et qu'on peut lui désobéir, voire le renverser. C'est ainsi que le patriotisme persiste à être perçu comme obéissance au gouvernement.

Il va sans dire que le patriotisme doit être redéfini : si un gouvernement ne remplit pas sa mission, ne respecte pas ses promesses ou n'assume pas sa responsabilité de veiller au « droit pour tous à la vie, à la liberté et à la recherche du bonheur », il mérite qu'on lui désobéisse, se conduisant lui-même de manière antipatriotique. Les Américains devront donc venir à bout de ces traits de leur état d'esprit pour qu'on cesse de les mener en bateau et de les couvrir de flatteries en vue de les convaincre de soutenir les guerres.

Notre état d'esprit comporte un autre aspect fondamental amenant la population à soutenir les guerres : l'idée voulant que la force militaire soit le meilleur moyen de mener à bien un projet. Si le monde connaît des difficultés, si quelque tyran opprime un peuple, si telle ou telle situation appelle des changements, on ne peut régler ces problèmes que par la force militaire. Son usage est devenu une véritable dépendance : c'est ainsi qu'on obtient des résultats concrets. De plus, elle constitue un moyen de défense contre le terrorisme.

Portons maintenant notre attention sur ce terme de terrorisme ; en évitant de le faire, on garde à l'esprit qu'il ne peut être combattu que par la force militaire. Il y a une semaine ou deux, j'ai accordé une entrevue radiophonique depuis mon domicile (il est très agréable de pouvoir faire ce genre de chose en pyjama !), et celle-ci a été suivie d'une tribune téléphonique. Les auditeurs qui appelaient se comportaient de manière très civilisée. L'un d'entre eux, réagissant à mes propos recommandant le retrait des États-Unis de leurs bases militaires dans 100 pays, a posé cette question : « Si les États-Unis quittent leurs bases militaires, comment pourront-ils se défendre contre le terrorisme ? »

Je lui ai répondu ceci : « Au moment des attentats du 11 septembre, les États-Unis possédaient des bases militaires dans 100 pays ; au moment des attentats du 11 septembre, les États-Unis détenaient 10 000 armes nucléaires ; au moment des attentats du 11 septembre, les États-Unis avaient des porte-avions et des navires de guerre sur toutes les mers. » Alors comment peut-on affirmer qu'un tel déploiement de force militaire nous protège contre le terrorisme ? Ne pourrait-on pas envisager la possibilité que le terrorisme soit justement engendré par le fait que les États-Unis possèdent des bases militaires aux quatre coins du monde, par le fait qu'ils envahissent et bombardent d'autres pays ? Ce bellicisme indigne des millions de personnes, dont quelques-unes adoptent le fanatisme et la violence et deviennent des terroristes. Pour éviter le terrorisme, ne devrait-on pas reconsidérer cette politique étrangère fondée sur la menace, l'intimidation et la puissance militaire, et modifier radicalement notre comportement dans le monde ?

Il existe des pays que le terrorisme n'inquiète pas, qui ne sont pas hystériques à son propos comme le sont les États-Unis. Comment est-ce possible ? Ces pays ne dérangent personne, tandis que nous dérangeons des populations entières de par le monde ; il faut que ça cesse.

Vous souvenez-vous de la commission d'enquête sur les attentats du 11 septembre, mise sur pied par le gouvernement des États-Unis, qui avait accouché d'un volumineux rapport en analysant les causes et les circonstances ? Il va sans dire que peu de gens ont lu ces centaines de pages. On y affirme pourtant noir sur blanc que le ressentiment contre la politique étrangère américaine au Moyen-Orient est l'une des causes fondamentales des actions d'Al-Qaïda. Combien d'Américains sont-ils au courant de cela ? Combien de politiciens américains ont-ils souligné cet élément ?

Cette attitude envers le terrorisme est donc l'un des aspects de l'état d'esprit dont il est ici question. On ne remarque même pas que, si l'on croit contrer le terrorisme par la guerre, cela revient à contrer le terrorisme par le terrorisme, puisque la guerre est une forme de terrorisme. Si on le définit comme la mise à mort d'innocents au nom de quelque cause présumée juste, en quoi se distingue-t-il donc de la guerre ? Dans les faits, les gouvernements, par leur formidable puissance militaire, ont la capacité de commettre des actes terroristes à une échelle mille fois plus grande que n'importe quel petit groupe de terroristes dans le monde, qu'il s'agisse d'Al-Qaïda, de l'IRA ou des militants du Sri Lanka ou de la Palestine. Je considère donc l'acceptation de la guerre comme un élément crucial de cet état d'esprit.

J'entends déjà des voix s'élever : « Oui, cette guerre-là était injustifiée, cette autre guerre était inutile, mais celle-ci, par contre, est juste. » Selon moi, nous sommes à une étape de l'histoire de l'humanité où il faut renoncer à l'idée de guerre légitime, de guerre juste. La guerre est essentiellement injuste ; elle corrompt quiconque y participe.

Lors de la Seconde Guerre mondiale, j'étais bombardier dans l'armée de l'air des États-Unis. Il s'agissait d'une guerre des plus légitimes ! C'est pourquoi je m'étais porté volontaire, et ce, avec enthousiasme. « C'est une guerre juste, me disais-je, une guerre contre le fascisme. » Je croyais les dirigeants des États-Unis et des autres pays lorsqu'ils se disaient préoccupés par le fascisme. Plus maintenant.

Ce n'est qu'après la guerre, après que j'eus quitté l'armée de l'air, que j'ai commencé à y réfléchir. Si je pouvais remettre en question cette guerre légitime, que dire de toutes celles qui ne le sont pas autant ? En observant cette guerre juste d'un peu plus près, qu'y voyais-je ? Cinquante millions de morts. Peut-être avions-nous vaincu Hitler, Mussolini et les militaires japonais, mais nous n'étions venu à bout ni du fascisme, ni du militarisme, ni du racisme. Encore moins de la guerre, puisque, par la suite, les conflits armés se sont succédé par dizaines. Après la Seconde Guerre mondiale et ses 50 millions de morts.

J'en ai conclu que la guerre est comme un cataplasme, c'est une drogue : comme le crack, elle offre une sensation d'euphorie (ne me demandez pas pourquoi je sais cela, c'est ce qu'on m'a dit !) suivie d'un brusque retour à la réalité, à son triste sort, et on se sent plus mal qu'auparavant. Super ! On a gagné ! On les a battus ! On savoure la victoire un moment, puis la réalité reprend ses droits. On s'est débarrassé de Saddam Hussein, bravo ! Et puis après ?

Il faut retenir une chose à propos de la guerre : si on croit la faire pour de bonnes raisons, que l'on y fait le bien en se débarrassant de tel despote et ainsi de suite, elle comporte toujours son lot de conséquences inattendues.

Quand on entre en guerre, on n'a aucune idée de ce qui arrivera après, aucun moyen de savoir où cela mènera. On se trouve ainsi confronté à la question des moyens et des fins.

La fin justifie-t-elle les moyens ? D'un point de vue moral, tout le monde s'entend pour dire que les moyens de la guerre sont atroces. Quant aux fins, peu importe la manière dont on les présente – nos objectifs sont louables, voilà justement ce que nous souhaitions accomplir –, elles sont incertaines, imprévisibles.

D'ailleurs, de nos jours, la guerre se déroule toujours à l'encontre des enfants, à l'encontre des civils. Lors de la Première Guerre mondiale, 90 % des morts étaient des militaires et 10 %, des civils ; lors de la Seconde Guerre mondiale, les morts se répartissaient environ entre 50 % de militaires et 50 % de civils ; au Vietnam, c'était 30 % de militaires et 70 % de civils ; en Irak et en Afghanistan, on parle de 80 % de civils !

Alors comment peut-on justifier la guerre ? Il ne suffit pas de se retirer d'Irak : il nous faut décider, et c'est très important, que la guerre est inacceptable, que nous n'y participerons désormais d'aucune façon, que nous ne l'acceptons plus. Le jour où, partout dans le monde, assez de gens manifesteront leur désaccord, les dirigeants ne pourront plus en mener. Il leur est impossible de faire la guerre sans notre consentement, sans notre obéissance.

Après ce bref survol de quelques aspects de l'état d'esprit permettant au gouvernement d'entraîner la population dans la guerre, je reviens à Obama, qui l'a d'ailleurs évoqué. Mais le comprend-il vraiment ? Est-il disposé à s'en éloigner ? Peut-il penser de manière radicalement différente ?

Je me suis réjoui de l'élection d'Obama, ne serait-ce que pour le soulagement qu'elle a procuré. Car c'en a été tout un que de se débarrasser de ce gang installé à Washington. Cette élection est effectivement un événement historique, et il convient de noter que l'ampleur du nombre de Blancs ayant appuyé Obama traduit un certain progrès en ce qui a trait aux questions raciales. Il y a 30 ans, l'élection d'un Noir à la présidence des États-Unis eût été impossible, c'est donc un tournant historique.

Cependant, maintenant qu'Obama est élu, il faut être très attentif à son état d'esprit.

Ce faisant, on constate malheureusement qu'il n'a pas renoncé au militarisme. « Nous retirerons nos troupes d'Irak, annonce-t-il, pour les envoyer en Afghanistan. Nous augmenterons la taille de l'armée. » Voilà qui n'est pas bon signe. « Nous maintiendrons les dépenses militaires à un niveau élevé. » Celles-ci ont atteint 600 milliards de dollars cette année. Obama ne semble donc pas avoir renoncé à cet état d'esprit, ce dont témoigne aussi son programme de politique intérieure, timide et limité.

Obama ne s'est pas prononcé en faveur d'un régime public et universel d'assurance maladie comme ceux qui existent dans d'autres pays, dont le Canada. Quels que soient leurs défauts, les régimes canadien (vous en savez plus que moi à ce sujet), italien, français, allemand ou néo-zélandais sont infiniment meilleurs que le système en place aux États-Unis, où 45 millions de personnes ne disposent d'aucune assurance-maladie et où le domaine de la santé est dominé par l'argent. Cette situation est inacceptable : la fortune ne devrait pas être un critère de santé. Riches comme pauvres devraient pouvoir bénéficier de soins, et ce, sans avoir à passer par des compagnies d'assurances ou tout autre intermédiaire à but lucratif.

Obama s'est cependant montré réticent à mettre sur pied un tel régime. Il s'est aussi montré réticent à annoncer la création de millions d'emplois par le gouvernement ; il a bien mis sur pied un petit programme en ce sens, mais rien qui puisse suffire à faire face à la crise économique actuelle.

Celle-ci exigerait, de la part du gouvernement, la création de millions d'emplois afin de venir en aide aux chômeurs plutôt que l'octroi de 700 milliards de dollars aux institutions financières – pourtant à l'origine de la crise – dans l'espoir que, par quelque effet de diffusion, cette somme bénéficie aux personnes qui, au bas de l'échelle, en ont besoin. Tant Obama que McCain m'ont déçu en approuvant ce plan de sauvetage. Cet argent devrait être versé directement aux personnes en ayant besoin pour rembourser leurs prêts hypothécaires, et devrait servir à créer des millions d'emplois.

C'est ce que Roosevelt avait fait avec le New Deal : créer des millions d'emplois. On avait alors doté des centaines de milliers de jeunes de pelles et d'outils, plutôt que de fusils, leur permettant ainsi d'accomplir des merveilles aux quatre coins du pays : construction de piscines et de terrains de jeux, nettoyage de rivières, plantation d'arbres... Le gouvernement Obama pourrait bien mettre sur pied un tel programme, mais il se montre réticent à faire preuve d'audace, tant sur le plan de la santé que sur celui de l'emploi. Pourquoi donc ?

Pour appliquer des politiques comme un régime public d'assurance maladie ou un programme de création d'emplois, il faut beaucoup d'argent. Si le gouvernement n'en a pas assez, c'est parce que le budget militaire draine à lui seul 600 milliards de dollars. Autrement dit, aux États-Unis, politique étrangère et politique intérieure sont liées. Tant qu'Obama persistera à mener une politique étrangère militariste, il lui sera impossible de proposer une politique intérieure audacieuse. Qu'est-ce que cela signifie ?

Pour le savoir, il faut se pencher sur un autre aspect de notre état d'esprit : l'attente d'un sauveur, d'un chef qui fera le nécessaire. Voilà qui est très dangereux. Un tel chef ne se présentera jamais. Personne au sommet de la pyramide ne fera le nécessaire. Au cours de l'histoire des États-Unis, ce ne sont pas les initiatives des présidents, du Congrès ou de la Cour suprême qui ont amélioré la société, mais plutôt l'action des gens ordinaires, comme les militants anti-esclavagistes.

Lincoln n'aurait jamais signé la Proclamation d'émancipation et le Congrès n'aurait jamais adopté les 13e, 14e et 15e amendements à la Constitution si le vaste mouvement anti-esclavagiste, qui avait pris une ampleur considérable des années 1830 aux années 1860, n'avait pas existé.

La journée de travail de huit heures serait encore une utopie s'il n'en avait été que du Congrès et du président. Pour l'obtenir, les travailleurs ont dû faire grève, non sans remous. Ils ont fait la même chose dans les années 1930, partout dans le pays, en vue de conquérir des droits. Qu'ont fait les Noirs en constatant que les 14e et 15e amendements n'étaient pas respectés dans le Sud des années 1960 ? Je vivais là-bas à cette époque, et je participais au mouvement ; j'ai constaté qu'on ne pouvait se fier aux gouvernements soi-disant progressistes de Kennedy et de Johnson pour mettre fin à la ségrégation raciale. Les Noirs ont donc dû descendre dans la rue et manifester par dizaines de milliers, par centaines de milliers ; ils ont dû enfreindre des lois, commettre des actes de désobéissance civile, aller en prison, se faire battre, voire se faire tuer, tout cela pour en finir, une fois pour toutes, avec les lois de ségrégation raciale.

Aujourd'hui, il importe que tous ces gens qui, avec enthousiasme (il y a longtemps qu'on n'en avait pas vu de tel), ont appuyé Obama ou ont milité pour son élection reconnaissent qu'on ne peut se fier à aucun chef politique, y compris le nouveau président, pour agir en vue de mettre fin à la guerre et remédier aux injustices économiques dont souffre la population. Injustices qui, rappelons-le, ont lieu dans le pays le plus riche du monde, où, même en l'absence de crise, un enfant sur cinq naît dans la pauvreté et où, par suite de leur désespoir, deux millions de personnes croupissent en prison.

Il ne faut pas se fier à Barack Obama. Nous avons besoin d'un nouveau mouvement social du genre de ceux des années 1930 et des années 1960, seuls moments de l'histoire où le gouvernement a réagi en adoptant des lois pour changer le cours des choses ; un nouveau grand mouvement social qui ferait savoir au gouvernement que nous ne souhaitons plus faire la guerre, que nous ne défendrons pas un régime enrichissant les plus riches tout en n'offrant à trop de gens que désespoir et dénuement.

Je crois que les circonstances sont aujourd'hui tout à fait favorables à l'émergence d'un tel mouvement social, dont on constate déjà les signes avant-coureurs. Voilà en quoi l'élection d'Obama tombe à pic : elle crée des attentes qui devront être satisfaites. Le moment est aussi propice parce que la crise économique invite à adopter des politiques audacieuses. Quant aux interminables conflits en Irak et en Afghanistan, l'évidente fatigue du peuple américain à l'égard de la guerre offre aux États-Unis l'occasion de rompre avec leur côté va-t-en-guerre et de devenir une nation vivant en paix avec le reste du monde.

Nous n'avons pas besoin d'être une superpuissance militaire. Nous devons devenir une superpuissance humanitaire. Que l'on passe ou non d'un statut à l'autre ne sera pas le fait du gouvernement, mais bien celui du peuple américain, comme on l'a vu à maintes reprises dans le passé.

Merci.

La loi et la justice

Je n'avais jamais réfléchi sérieusement à la question de la désobéissance civile (c'est-à-dire que je ne considérais pas l'obéissance civile comme un problème) avant de m'impliquer dans le mouvement contre la ségrégation raciale, dans le Sud des États-Unis. Au fur et à mesure que des Noirs se faisaient arrêter encore et encore pour cause d'infractions à diverses lois locales, la distinction entre loi et justice s'est imposée à mes yeux. Au collège Spelman, j'enseignais entre autres le droit constitutionnel. Je me suis vite rendu compte que de donner ce cours de manière traditionnelle, en abordant le contenu des lois, de la Constitution ou de leurs interprétations par la Cour suprême, revenait à déroger au principe pédagogique le plus fondamental, selon lequel toutes les prémisses d'une question doivent être évaluées. Ainsi, ce cours postulait tacitement que la loi est bonne et implicitement juste, voire morale. Je n'ai pas hésité à rebaptiser le cours

Libertés civiques *afin d'être en mesure d'en élargir le propos en prenant en compte les rapports complexes liant loi et justice. Voici donc un article à ce sujet, que j'ai rédigé après avoir participé au mouvement des droits civiques et aux protestations contre la guerre du Vietnam. Il constitue un chapitre de mon livre intitulé* Declarations of Independence *(Harper Collins, 1990).*

EN 1978, je donnais un cours intitulé « La loi et la justice aux États-Unis ». Lors de la première séance, j'ai distribué le plan de cours. À la fin de la première heure, un étudiant m'a abordé. Il était un peu plus âgé que les autres. Il m'a dit : « J'ai remarqué, dans le plan de cours, que nous allions examiner le procès *États-Unis c. O'Brien*. Quand nous y serons, j'aimerais pouvoir dire quelques mots à ce propos. »

Un peu surpris, mais content qu'un étudiant prenne une telle initiative, je lui ai répondu : « D'accord. Comment vous appelez-vous ?

— O'Brien. David O'Brien », m'a-t-il lancé.

Nous allions effectivement étudier son procès. Le matin du 31 mars 1966, alors que les troupes américaines affluaient au Vietnam et que les bombardiers pilonnaient ce pays jour et nuit, David O'Brien et trois de ses amis ont gravi les marches du palais de justice de South Boston (quartier ouvrier essentiellement irlandais, où ils vivaient) et, devant une foule massée pour l'occasion, ont brandi leurs avis de conscription avant de les brûler.

Selon Earl Warren, juge en chef de la Cour suprême ayant prononcé le verdict de cette cause, une partie de la foule s'en est prise à O'Brien aussitôt que les documents eurent fini de brûler ; un agent du FBI l'a alors escorté vers un lieu plus sûr. Selon la version qu'O'Brien a racontée à la classe, les agents l'ont plutôt traîné dans le palais de justice et jeté dans un placard, profitant de l'occasion pour le rouer de quelques coups avant de l'arrêter.

Dans sa décision, le juge en chef Warren a déclaré : « O'Brien a affirmé aux agents du FBI qu'il avait brûlé son avis de conscription au nom de ses convictions, en sachant parfaitement qu'il enfreignait la loi fédérale. » L'intention du jeune homme était claire : il voulait exprimer à ses concitoyens les sentiments douloureux que lui inspirait la guerre du Vietnam, en tentant, par un geste spectaculaire, d'attirer leur attention sur les tueries de masse perpétrées là-bas par notre gouvernement. L'incinération de son avis de conscription allait être particulièrement remarquée, précisément parce que ce geste, illégal, était passible d'emprisonnement.

Lors de son procès, O'Brien, bien qu'il ait reconnu avoir enfreint la loi sur le service militaire, a invoqué les dispositions de la Constitution garantissant la liberté d'expression. La Cour suprême a cependant fait prévaloir la nécessité pour le gouvernement de réglementer la conscription sur le droit du militant à la libre expression, ce qui a conduit ce dernier en prison.

O'Brien avait commis un acte de désobéissance civile, c'est-à-dire qu'il avait délibérément perpétré une infraction à des fins sociales. Enfreindre une loi pour son bénéfice personnel est un acte criminel ordinaire ; ce n'est pas le cas de la désobéissance civile. Certains gestes tombent dans les deux catégories, par exemple celui d'une mère volant un pain pour nourrir ses enfants ou celui de voisins empêchant l'éviction d'une famille incapable de payer son loyer. Bien qu'ils se limitent aux besoins d'une seule famille, ils transmettent un message plus large à la société en lui faisant part de ses échecs.

Dans un cas comme dans l'autre, on désobéit à la loi, suscitant de ce fait de fortes émotions chez une population conditionnée depuis l'enfance à obéir.

L'obéissance et la désobéissance

« Il faut obéir à la loi. » Voilà un précepte implacable. Sa force peut venir à bout de ce que l'on considère au plus profond de soi comme bien ou mal, allant même jusqu'à prévaloir sur l'instinct de survie. Très jeune, on apprend (car ce n'est pas inné) à obéir à « la loi du pays ». Pour son livre *Lock the Lock,* le poète et artiste Tommy Trantino a écrit une nouvelle intitulée *The Lore of the Lamb*[1] alors qu'il attendait d'être exécuté à la prison d'État de Trent ; en voici un extrait :

> J'étais en prison il y a longtemps et j'étais en première année et j'avais envie de chier et [...] la loi dit qu'il faut d'abord lever la main et demander la permission au professeur alors je suis obéissant à la [loi du pays] je suis donc occupé à lever ma main au führer qui dit oui thomas de quoi s'agit-il ? et moi thomas je réponds que je dois faire je veux dire puis-je aller aux toilettes s'il vous plaît ? n'y es-tu pas allé hier thomas dit-elle et je dis oui madame parsley monsieur mais je dois encore y aller aujourd'hui mais elle dit NON [...] Et je dis hé [...] IL FAUT QUE J'AILLE CHIER, MERDE et encore elle répond NON mais je le fais quand même sauf que ce n'était pas à l'extérieur mais dans mon pantalon c'est-à-dire droit dans mes culottes en velours côtelé bon sang [...]
>
> j'avais à peu près six ans à l'époque et pourtant je crois que je comprenais déjà sans y réfléchir que si l'on obéit et qu'on suit les ordres et qu'on adhère à toutes les règles et à tous les règlements

1. *The Lore of the Lamb,* qui signifie littéralement « la tradition de l'agneau », est un jeu de mots construit à partir de *The Law of the Land* (« la loi du pays »). [NdT]

de [la loi du pays] on chie dans ses culottes et sa mère devra tout nettoyer ensuite vous voyez [1] ?

Bien entendu, les règles ne sont pas toutes injustifiées. On peut cependant éprouver des sentiments contradictoires à propos de l'obligation de les suivre : lorsqu'elle vous conduit au front, l'obéissance à la loi peut sembler mauvaise, tandis que si elle vous empêche de commettre un meurtre, elle apparaît tout à fait justifiée. Pour vraiment respecter la loi, vous devriez refuser d'obéir à celle qui vous envoie à la guerre.

L'idéologie dominante ne laisse cependant aucune place à de telles distinctions réfléchies sur la nécessité d'obéir à la loi. Sévère, absolue, la loi est appliquée de manière inflexible par tous les gouvernements, que ceux-ci soient fascistes, communistes ou libéraux. Lors d'une entrevue accordée après la guerre, Gertrud Scholtz-Klink, responsable de la Ligue des femmes du Reich sous Hitler, expliquait ainsi la politique nazie à l'égard des Juifs : « Nous obéissions toujours à la loi. Ne faites-vous pas de même en Amérique ? Même si, personnellement, on désapprouve une loi, on doit quand même y obéir, sans quoi ce serait le chaos. »

1. Tommy Trantino, *Lock the Lock,* New York, Knopf, 1974. [Notre traduction]

« Ce serait le chaos. » Si on autorisait la désobéissance à la loi, ce serait l'anarchie. On inculque cette idée aux populations de tous les pays. L'expression consacrée, c'est « la loi et l'ordre », au nom de laquelle on envoie la police ou l'armée disperser des manifestations partout, à Moscou comme à Chicago. C'est en son nom que la Garde nationale a tué quatre étudiants de l'université d'État de Kent, en 1970, et que les autorités chinoises ont abattu des centaines d'étudiants qui manifestaient à Pékin en 1989.

Cette expression envoûte la plupart des citoyens, qui, à moins d'éprouver un profond ressentiment envers l'autorité, craignent le désordre. Dans les années 1960, un étudiant de l'école de droit de Harvard s'est adressé aux parents et anciens en ces mots :

> Les rues sont en ébullition partout au pays. Les universités débordent d'étudiants rebelles et d'émeutiers. Les communistes veulent détruire notre pays. La puissance russe nous menace. La république est en danger. Oui ! Un danger qui vient de l'intérieur comme de l'extérieur. Il nous faut la loi et l'ordre ! Sans la loi et l'ordre, notre nation ne pourra survivre.

Une longue ovation a suivi cette déclaration. Ensuite, calmement, l'étudiant a informé son auditoire ; « Ces mots ont été prononcés en 1932 par Adolf Hitler. »

Il va sans dire que la paix, la stabilité et l'ordre sont souhaitables, et que le chaos et la violence ne le sont pas. Cependant, la vie en société ne nécessite pas seulement ordre et stabilité. Elle requiert aussi la justice, c'est-à-dire un traitement équitable pour tous les êtres humains, le droit pour tous à la liberté et à la prospérité. L'obéissance absolue à la loi peut, temporairement, mener à l'ordre, mais n'apporte en rien la justice. En l'absence de cette dernière, il n'est pas exclu que ceux qui subissent l'injustice protestent, se révoltent, provoquent le désordre, comme l'ont fait les révolutionnaires américains au XVIIIe siècle, les anti-esclavagistes au XIXe siècle, les étudiants chinois au XXe siècle et les travailleurs en grève de tous les pays à tout moment.

L'accomplissement de la justice ne devrait-il pas prévaloir contre l'obéissance à la loi ? La loi est en mesure de servir la justice, comme lorsqu'elle interdit le viol et le meurtre ou qu'elle oblige une école à accepter tous les étudiants sans égard à leur origine. Cependant, quand elle envoie des jeunes à la guerre, protège les riches et punit les pauvres, elle entrave la justice qui, à son tour, s'oppose à la loi. Dans de telles circonstances, que faut-il faire primer : la loi ou la justice ?

La réponse à cette question réside dans ce qui s'est fait de mieux en matière de théorie de la démocratie : les écrits de Jefferson et de ses collègues rédacteurs de la Déclaration d'indépendance. La loi, y lit-on, n'est qu'un moyen. Le gouvernement aussi. « Le droit pour tous à la vie, à la liberté et à la recherche du bonheur », voilà ce que sont les fins. « Toutes les fois qu'une forme de gouvernement devient destructive de ce but, le peuple a le droit de la changer ou de l'abolir et d'établir un nouveau gouvernement [...] [1]. »

Il est vrai que le désordre en soi peut devenir synonyme d'injustice s'il est porteur d'une violence aveugle, comme l'a été la Révolution culturelle en Chine, de 1966 à 1976, qui visait d'abord l'égalité, mais qui a dégénéré en vengeances et en meurtres. La société ne doit cependant pas revenir aux injustices du passé par crainte du chaos et au nom de la stabilité. Cette inquiétude doit plutôt nourrir la recherche de moyens de faire preuve de justice qui, bien que pouvant susciter bouleversements et désagréments, fassent en sorte que les droits de la personne ne soient pas malmenés.

Doit-on craindre que la désobéissance à la loi puisse causer l'anarchie ? C'est l'histoire qui offre la meilleure réponse à cette question. Les grandes manifestations des Noirs, dans le Sud

1. *Déclaration unanime des treize États unis d'Amérique,* traduction de Thomas Jefferson, Philadelphie, 1776.

du début des années 1960, ont-elles débouché sur l'anarchie ? Il est vrai qu'elles ont ébranlé l'ordre bien établi de la ségrégation raciale et qu'elles ont occasionné du désordre dans des centaines de villes (bien que l'on puisse soutenir que c'est la police, en réponse à un mouvement non violent, qui a été la cause première de celui-ci). Quoi qu'il en soit, toute cette agitation n'a nullement provoqué l'anarchie généralisée. Au contraire, elle a eu pour résultat une saine reconfiguration de l'ordre social en vue d'une amélioration de la justice et d'une nouvelle entente entre Américains (pas tous, bien entendu) pour l'égalité raciale.

L'idée voulant que la loi et l'ordre soient indissociables fait généralement consensus. Toutefois, l'obéissance aveugle à toutes les lois peut mener au non-respect de la justice, aboutissant tôt ou tard à de graves désordres. Hitler, qui en appelait sans cesse à la loi et l'ordre, a précipité l'Europe dans le chaos infernal de la guerre. Tous les États utilisent le pouvoir de la loi pour maintenir leurs populations dans l'obéissance et pour mobiliser des régiments de soldats consentants, menaçant de sanctions ceux qui refusent d'y servir. C'est ainsi que la loi, en mettant sur pied ces armées de conscrits, engendre l'indicible désordre de la guerre, le chaos sanglant des champs de bataille et les crises internationales.

Si seuls la loi et l'ordre sont en mesure de légitimer l'injustice, l'« ordre » superficiel de la vie quotidienne peut cacher de profonds troubles psychiques chez les victimes d'iniquités. Il en va de même chez les puissants bénéficiaires du régime, en ce sens où l'esclavage déforme autant l'esprit du maître que celui de l'esclave. Dans de telles circonstances, l'ordre ne peut être que temporaire ; une fois celui-ci rompu, un bain de sang peut survenir, comme ce fut le cas aux États-Unis lorsque l'ordre rigide de l'esclavage a pris fin par une guerre civile ayant fait 600 000 morts dans ce pays de 35 millions d'habitants.

L'ÉPOQUE MODERNE : L'ÈRE DE LA LOI

On aime s'enorgueillir des propos de John Adams, deuxième président des États-Unis, qui constatait que le règne du droit était en train de remplacer celui des hommes. Dans le monde antique et dans les sociétés féodales, il n'y avait pas de règles établies, consignées dans des livres de loi et encadrées par des constitutions. Tous étaient exposés aux caprices des puissants, que ces derniers soient seigneurs, chefs tribaux ou rois.

L'évolution des sociétés vers les temps modernes a permis l'essor des grandes villes, du commerce international, de l'alphabétisation de masse et du parlementarisme. Parallèlement, on a institué la primauté du droit ; ne relevant plus de l'arbitraire d'un individu, celui-ci était désormais consigné par écrit. Impersonnel et neutre, il allait s'appliquer à tous de manière égale, ce qui le rendait démocratique.

Certains symboles de la primauté du droit font l'objet d'un véritable culte : la Magna Carta, qui a énoncé ce que devaient être les droits des hommes à l'encontre de ceux du roi ; la Constitution des États-Unis, qui limite en principe les pouvoirs du gouvernement et comprend une charte des droits ; le code Napoléon, qui a uniformisé le droit français. On peut cependant ressentir un certain malaise quant aux liens entre droit et démocratie en lisant ce commentaire des historiens Robert Palmer et Joel Cotton : « Tout homme à cheval fût-il, Napoléon croyait fermement à la primauté du droit. »

Loin de moi l'idée de nier les bienfaits de la modernité, qu'il s'agisse des avancées de la science, de l'amélioration de la santé, des progrès de l'alphabétisation, de la diffusion des arts au-delà d'une petite élite ou des avantages d'un régime politique représentatif, si imparfait soit-il, sur la monarchie. Il ne faut toutefois pas laisser ces mérites masquer le fait que la modernité, bien qu'elle ait substitué la primauté du droit à l'arbitraire, n'a rien changé de fondamental en ce qui a trait à l'inégalité du partage de la richesse et du pouvoir. Les pratiques d'antan qu'étaient l'exploitation des pauvres, la conscription des jeunes ou la mise au ban des fauteurs de trouble ont encore cours, cependant qu'elles ne résultent plus de l'action arbitraire de quelque seigneur ou monarque, mais plutôt de l'autorité neutre et impersonnelle de la loi.

La loi semble impersonnelle. Elle l'est sur papier : qui peut attribuer telle loi à tel auteur ? Ce masque de neutralité donne aux injustices un caractère légitime. Jadis, persister à croire au « droit divin » n'allait pas de soi : on voyait bien que les rois et reines n'étaient que des êtres humains. Il en va tout autrement d'un code de lois, beaucoup plus facile à déifier qu'un monarque de chair et de sang.

Sous le règne de l'arbitraire, on pouvait aisément identifier l'oppresseur ; ainsi les paysans rebelles pouvaient-ils traquer leur seigneur, les esclaves tuer leur planteur et les révolutionnaires exécuter leur roi. En cette ère de bureaucratie d'entreprise, d'assemblées représentatives et de primauté du droit, l'ennemi est insaisissable et, de toute façon, indiscernable. Dans *Les raisins de la colère,* roman de John Steinbeck se déroulant lors de la Grande Dépression, un fermier dont on a saisi la terre s'en prend au conducteur du tracteur en train de démolir sa maison. Il le menace de son fusil, mais reste pantois quand le chauffeur lui explique qu'il ne fait qu'obéir aux ordres d'un banquier d'Oklahoma City, lui même à la solde d'un banquier de New York. Le fermier s'écrie alors : « Mais où ça s'arrête-t-il ? Qui pouvons-nous tuer [1] ? »

La primauté du droit n'a pas aboli l'inégale répartition des richesses et du pouvoir : elle l'a plutôt renforcée, et ce, en vertu de l'autorité de la loi. Par l'entremise des impôts et de leur affectation, la loi alloue la richesse et la pauvreté, mais de manière si complexe et indirecte que toute victime ne peut qu'en être déconcertée.

L'exploitation sautait aux yeux quand le paysan donnait la moitié de sa récolte au seigneur. Elle existe toujours, bien qu'elle s'inscrive désormais dans une société de marché complexe reposant sur des bibliothèques entières de lois. Il y a quelques années, on a demandé au propriétaire d'une mine de charbon des Appalaches pourquoi les compagnies minières payaient si peu d'impôts et gardaient pour elles une telle part de la richesse extraite des gisements, alors que les habitants de la région étaient affamés. Sa réponse fut laconique : « Je paie la somme exacte que la loi me demande de payer. »

1. John Steinbeck, *Les raisins de la colère,* traduction de M. Duhamel et M.-E. Coindreau, Paris, Gallimard, 1947, p. 57.

Aux États-Unis, on se passionne pour les affaires de crime et de corruption ayant permis à leurs auteurs de s'enrichir. Pourtant, les plus grandes fortunes ont été amassées en toute légalité, soutenues par les lois relatives aux contrats et à la propriété, sanctionnées par des juges bienveillants, prises en charge par des avocats d'entreprise astucieux, calculées par des comptables grassement payés. Dans leurs passages portant sur les années 1920, les livres d'histoire n'en ont que pour l'administration Harding et son scandale du Teapot Dome [1], passant sous silence des transferts de richesse autrement plus importants, effectués de bon droit par l'entremise des lois fiscales proposées par le secrétaire au Trésor Andrew Mellon (qui a fait fortune dans le pétrole et l'aluminium) et adoptées par le Congrès sous le gouvernement Coolidge.

Comment a-t-on pu en arriver là ? La modernité n'avait-elle pas apporté la démocratie ? Qui a rédigé la Constitution ? N'en sommes-nous pas tous les auteurs, un jour rassemblés pour établir nos propres règles de vie, notre « contrat social » ? Le préambule de la Constitution ne commence-t-il pas par ces mots : « Nous, le peuple des États-Unis, en vue de... » ?

1. Albert B. Fall, secrétaire à l'Intérieur de Harding, est mis en accusation pour avoir affermé à des entreprises privées, moyennant finance, les réserves pétrolières du Teapot Dome (Wyoming) et de Elk Hills (Californie) attribuées à la Marine.

La Constitution représentait sans doute un progrès par rapport aux chartes royales d'Angleterre. Néanmoins, elle a été conçue par des hommes riches, marchands et esclavagistes pour la plupart, qui avaient besoin d'un minimum de démocratie politique, mais qui n'avaient que faire de la démocratie économique. Ceux-ci ont donc mis en place un État de droit qui puisse prévenir efficacement toute rébellion de groupes sociaux insatisfaits de leur sort. Rassemblés à Philadelphie, les pères fondateurs étaient encore sous le choc de la révolte de Shays, lors de laquelle des fermiers de l'ouest du Massachusetts avaient pris les armes pour protester contre le traitement injuste dont ils faisaient l'objet de la part d'une assemblée législative dominée par les possédants.

Affirmer que le règne du droit a bien remplacé celui des hommes revient à valider une supercherie. Ce sont toujours des hommes (les femmes étant la plupart du temps tenues à l'écart de ce processus) qui adoptent les lois, président les cours où on les interprète, occupent la Maison-Blanche ou le palais du gouverneur et veillent à leur application.

Ces hommes détiennent un énorme pouvoir discrétionnaire. Les législateurs décident des lois à adopter ; le président et son procureur général choisissent lesquelles entreront en vigueur ; les juges déterminent qui a le droit d'intenter des poursuites judiciaires, instruisent les jurés, établissent quels articles d'une loi s'appliquent et tranchent sur ce qui peut être déposé en preuve.

Les avocats, dont l'assistance est nécessaire pour se frayer un chemin dans le système judiciaire, sont formés et choisis de manière à garantir leur conservatisme. Les rares et nobles exceptions à cette règle sont les bienvenues. Cependant, trop d'avocats cherchent avant tout à être des « professionnels compétents » plutôt qu'à faire triompher la justice. Cette remarque d'un chercheur ayant étudié l'univers des avocats en fait foi :

> Séparer la loi de la politique, placer la technique et l'habileté au-dessus du pouvoir, se mettre à l'affût de « principes neutres » et nier l'existence de toute finalité idéologique sont des aspects essentiels de leur processus de professionnalisation.

La maxime *Equal Justice Under Law* [1] est gravée sur le fronton de l'édifice de la Cour suprême. Dans la Constitution et dans les lois, rien n'attribue nommément de traitement particulier à qui que ce soit. Celles-ci semblent au contraire s'appliquer à tout le monde. Peut-on pour autant affirmer que, dans les faits, les riches et pauvres sont traités de manière égale ?

1. En français : « Tous sont égaux devant la loi. » [NdE]

Les Blancs et les Noirs ? Les Américains de souche et les immigrants ? Les conservateurs et les progressistes ? Les hauts dirigeants et les citoyens ordinaires ?

De multiples affaires témoignent de cette inégalité : un cadre de la CIA, Richard Helms, coupable de parjure, s'en est tiré avec une simple amende, tandis qu'Alger Hiss a passé quatre ans derrière les barreaux pour la même faute ; un président, Richard Nixon, a été pardonné pour ses agissements illégaux avant même la tenue de son procès ; jugés coupables d'infractions à la loi dans le cadre de l'affaire Iran-Contra (*Irangate*), Oliver North et d'autres responsables de l'administration Reagan n'ont jamais mis les pieds en prison.

Pour rester légitime aux yeux de la population et offrir une soupape de sûreté laissant la pression du mécontentement s'échapper, l'appareil judiciaire doit tout de même conserver une apparence d'impartialité. La loi peut ainsi devenir elle-même un outil de changement. Il arrive que des pressions soutenues entraînent l'adoption de lois visant à satisfaire les doléances des protestataires. Poussé par des mouvements sociaux, un président peut décider de faire respecter de bonnes lois. Des juges, prenant acte d'un changement d'humeur dans la société, peuvent rendre des décisions empreintes d'humanité.

C'est ainsi que l'on oscille entre progrès et immobilisme. Des temps de guerre alternent avec des temps de paix, des périodes de chasse aux sorcières avec des périodes où l'on s'excuse de l'avoir pratiquée, des présidents conservateurs avec des présidents libéraux... La Cour suprême rend une décision au nom de libertés civiques qu'elle entrave pourtant la semaine suivante. Dans un tel contexte, comment anticiper le comportement de l'appareil judiciaire ?

L'appareil judiciaire moderne fonctionne comme un jeu de roulette : on y gagne ou on y perd. Il n'est jamais possible de prévoir si la bille d'ivoire va s'immobiliser dans une case rouge ou dans une case noire, et personne n'a vraiment la responsabilité de le déterminer. On gagne, on perd. Cependant, comme à la roulette, on finit presque toujours par perdre. À ce jeu, les résultats sont déterminés par la structure du plateau mobile, par les lois de probabilité et par les règles de « la maison », tandis que, dans la société, les riches et les puissants obtiennent ce qu'ils veulent en vertu du droit contractuel, de la loi du marché et du pouvoir des autorités de modifier les règles ou de les enfreindre à leur gré.

Par quels aspects de la roulette sociale finit-on toujours par perdre ? Au premier chef se trouvent les fortes disparités économiques, qui donnent un immense avantage à quiconque est en mesure d'acheter ou de vendre entreprises, travail, services et moyens de communication, de subventionner le système d'éducation ou de se payer les candidats eux-mêmes. En second lieu se trouvent les « freins et contrepoids », par lesquels d'audacieuses réformes (comme un régime universel d'assurance maladie ou un vaste programme de protection de l'environnement) peuvent se voir torpillées par une commission, empêchées par le veto d'une des chambres ou par celui du président, invalidées par la Cour suprême ou, bien qu'adoptées par le Congrès, ignorées par le président.

Sous un tel régime, il arrive que de rares victoires jettent un baume sur l'injustice économique. Celles-ci mettent en évidence l'utilité de la contestation et des pressions, laissant même entrevoir de meilleures possibilités pour l'avenir. De plus, elles préviennent le décrochage, donnant une impression d'équité et désamorçant tout mécontentement risquant de déranger le bon fonctionnement d'un système ingénieusement conçu pour favoriser le statu quo tout en autorisant de timides réformes.

L'obligation envers l'État

En dépit de tout ce que nous venons de voir à propos du fossé séparant la loi de la justice, et malgré que ce dernier soit perçu par nombre de gens, l'idée voulant que l'on ait une obligation envers la loi ou envers le gouvernement garde toute sa force. En 1979, le président Jimmy Carter a réintroduit le service militaire obligatoire pour les jeunes hommes. Lorsque des journalistes ont demandé à certains d'entre eux pourquoi ils respectaient cette loi (bien qu'environ 10 % ne le fassent pas), la réponse la plus courante était : « Je le dois à mon pays. »

L'obligation d'empathie mutuelle remonte à la nuit des temps ; propre aux relations humaines, il s'agit d'un élan naturel et spontané. Il n'en va pas de même de l'obligation envers le gouvernement. Elle doit être inculquée à chaque génération.

Qui mieux que le grand Platon peut nous instruire de ce devoir ?

Dans *Criton ou le devoir du citoyen,* Platon raconte que Socrate, prisonnier et condamné à mort pour avoir « corrompu les jeunes gens », est poussé à l'évasion par Criton. Socrate refuse, invoquant la nécessité d'obéir à la décision de l'État. Platon fait dire au philosophe que, « sur le champ de bataille, et devant le tribunal et partout, il faut faire ce que veut la République, ou employer auprès d'elle les *moyens de persuasion que la loi accorde*[1] » (il est impossible de savoir

1. Platon, « Criton ou le devoir du citoyen », traduction de Victor Cousin, dans *Œuvres complètes de Platon,*

s'il s'agit bel et bien des paroles de Socrate ou si c'est Platon qui lui fait exprimer ses propres idées puisque ce dernier a rédigé ce dialogue des dizaines d'années après la mort du sage).

Point d'égalité dans la conception de Platon : le citoyen peut employer la persuasion, mais rien de plus ; l'État, lui, peut recourir à la force. Pourquoi n'insisterait-on pas pour que l'État doive persuader la population d'obéir à ses prescriptions ?

Il est curieux de constater que Socrate, selon le dialogue relaté par Platon dans son *Apologie,* assumait sa désobéissance aux autorités en dispensant son enseignement et en expliquant aux jeunes ce qu'il considérait comme vrai, même si cela revenait à désobéir aux lois d'Athènes. Pourtant, au moment de sa condamnation à mort par un jury divisé (281 voix contre 220), il a humblement accepté le verdict en proclamant son allégeance aux lois de la cité, donnant ainsi un droit absolu sur sa vie à cette courte majorité de 56 %.

Il semble que presque tout le monde ressente fortement ce devoir d'obligation, cette dette. Que peut-on devoir au gouvernement ? Il est vrai que ce dernier peut se montrer utile à la population en aidant les fermiers, en gérant les pensions de vieillesse et les prestations de

Paris, Bossange Frères, 1822, p. 148.

maladie, en réglementant l'usage des drogues, en arrêtant les criminels, etc. Peut-on dire pour autant, au nom du fait que l'État administre ces programmes (financés par les impôts et exécutés moyennant le versement de salaires aux fonctionnaires), que les citoyens lui doivent leur vie ?

Platon incite à confondre pays et gouvernement. La Déclaration d'indépendance, quant à elle, affirme que c'est le peuple qui institue le gouvernement, et ce, à des fins d'égalité et de justice ; si celui-ci renonce à ces objectifs, il perd toute légitimité : ayant manqué à ses obligations envers les citoyens, il ne mérite plus leur respect ni leur obéissance.

Le concept de patriotisme est intimidant ; on craint d'être taxé d'antipatriotisme. Au début du XXe siècle, Emma Goldman, anarchiste et féministe russo-américaine, a donné une conférence sur le sujet, où elle disait :

> [...] mépris, arrogance et égoïsme sont les trois éléments fondamentaux du patriotisme. [...] Suivant la théorie du patriotisme, notre globe serait divisé en petits territoires, chacun entouré d'une clôture métallique. Ceux qui ont la chance d'être nés sur un territoire particulier se considèrent comme plus vertueux, plus nobles, plus grands et plus intelligents que ceux peuplant tous les autres pays. Et c'est donc le devoir de tout habitant de ce territoire de se battre, de tuer et

de mourir pour tenter d'imposer sa supériorité à tous les autres [1].

Les symboles mêmes du patriotisme (le drapeau, l'hymne national) sont devenus des objets de culte, et on traite d'hérétique quiconque refuse de s'y vouer. Quand, en 1989, la Cour suprême a décidé qu'un citoyen avait le droit de s'exprimer en brûlant le drapeau des États-Unis, on a assisté à une levée de boucliers à la Maison-Blanche et au Congrès. Au bord des larmes, le président Bush a évoqué la possibilité d'amender la Constitution afin d'interdire l'incinération du drapeau. Docile comme à son habitude, le Congrès s'est empressé d'adopter une loi punissant d'un an de prison quiconque s'en prendrait à la bannière étoilée.

L'humoriste Garrison Keillor a répliqué au président avec le plus grand sérieux :

> L'incinération du drapeau est une offense légère comparée à son utilisation cynique à des fins politiques par George Bush. Une loi de protection du drapeau digne de ce nom devrait interdire aux politiciens de s'en revêtir ! L'incinération d'un drapeau est le geste impulsif d'un individu sans pouvoir, tandis que la démagogie bon chic bon genre de ce puissant personnage est une menace concrète à la liberté.

1. Emma Goldman, « Le patriotisme, une menace contre la liberté (1911) », traduction d'Yves Coleman, *Ni Patrie ni Frontières*, n° 3, mars 2003.

Si l'on ne définissait pas le patriotisme comme l'obéissance aveugle au gouvernement ou comme l'adoration servile des drapeaux et hymnes nationaux, mais plutôt comme l'amour de son pays et de ses concitoyens (de partout dans le monde) et la loyauté aux principes de la justice et de la démocratie, celui-ci exigerait que l'on désobéisse au gouvernement dans les cas où ce dernier contreviendrait à ces principes.

Accepter sa peine

La position de Socrate, qui affirmait devoir accepter la mort pour sa faute, est devenue l'un des principes fondamentaux de la philosophie progressiste de la désobéissance civile, et fait même partie de l'idéologie dominante aux États-Unis, tant chez les conservateurs que chez les libéraux. Celui-ci se formule ainsi : vous avez le droit d'enfreindre la loi si une situation heurte votre conscience, mais vous devez assumer la peine qui en découlera.

Pourquoi donc ? Pourquoi accepterait-on d'être puni si l'on croit avoir agi correctement et que l'on considère le châtiment comme illégitime ? Est-ce cohérent de contrevenir à la loi dans un premier temps, puis, une fois condamné à la prison, d'y obéir ?

Pour soutenir l'idée voulant qu'il faille accepter sa peine, certains aiment citer Martin Luther

King Jr, grand apôtre de la désobéissance civile au XXe siècle. Dans sa *Lettre de la prison de Birmingham,* rédigée, au printemps 1963, en pleine vague de manifestations tumultueuses contre la ségrégation raciale, il écrivait :

> Je prétends que celui qui brise une loi que sa conscience lui dit être injuste et qui accepte de bon cœur la peine d'emprisonnement dans le but d'éveiller la conscience de la communauté sur l'injustice de cette loi, celui-là exprime en réalité le plus haut respect de la loi [1].

Par cette lettre, King réagissait aux appels de pasteurs blancs souhaitant qu'il mette fin aux manifestations. Ceux-ci le pressaient de porter sa cause devant les tribunaux plutôt que « dans la rue ». Selon moi, on a mal interprété la réplique de King. Celle-ci constituait certes une défense passionnée de l'action directe et non violente, mais il l'avait rédigée dans le but de convaincre ces pasteurs conservateurs de sa modération. Il était soucieux de leur montrer que, tout en pratiquant la désobéissance civile, il exprimait « en réalité le plus haut respect de la loi ».

Cette « loi » que King respectait – comme en font foi sa vie, son œuvre et sa philosophie –

1. Martin Luther King Jr, « Lettre de la prison de Birmingham », traduction de P. Sempé, *Esprit,* vol. 32, nº 324, janvier 1964, p. 10.

n'était ni la règle des hommes, ni les lois de ségrégation raciale, ni les lois entérinées par la Cour suprême, ni les décisions des cours, ni les sentences infligées par les juges. Il s'agissait d'une loi supérieure : la loi morale, la justice.

« Accepter de bon cœur » sa peine ne revient pas à considérer comme juste la punition découlant d'un acte de conscience. Si tel était le cas, comment King aurait-il pu accepter d'être libéré grâce à des pressions effectuées depuis les coulisses, comme en 1960 lorsqu'un mystérieux bienfaiteur haut placé (proche du président élu Kennedy) avait tiré les ficelles pour le faire sortir de prison ? « Accepter de bon cœur » signifie qu'on est conscient d'encourir l'incarcération et qu'on est prêt à prendre ce risque, mais pas qu'on trouve moralement juste d'être puni.

King disait accepter « la peine d'emprisonnement dans le but d'éveiller la conscience de la communauté sur l'injustice de cette loi », et non parce qu'il avait une dette envers le gouvernement et que, comme Platon l'affirme, il avait le devoir d'obéir à tout ce que celui-ci lui demandait de faire. Il n'en était rien. Il n'a pas croupi en prison pour des motifs philosophiques ou moraux, mais pour une raison pratique, celle de poursuivre sa lutte pour « éveiller la conscience de la communauté sur l'injustice de cette loi ».

Connaissant la vie et la pensée de King, on peut affirmer sans se tromper qu'en d'autres circonstances il aurait accepté de s'évader, au contraire de Socrate. Que se serait-il passé si, plutôt que de le condamner à six mois de détention en Georgie, on lui avait infligé la peine de mort ? L'aurait-il « acceptée » ?

King aurait-il réprouvé ces esclaves noirs qui, contraints à retourner à l'esclavage en vertu de la *Fugitive Slave Law* [1] de 1850 et refusant de se rendre, avaient pris le maquis ? Aurait-il critiqué Angela Davis, cette militante noire qui, après avoir participé à l'audacieuse évasion d'un prisonnier noir d'un tribunal, avait tourné le dos à son procès en rejoignant la clandestinité ?

Prenons un autre cas de figure pour imaginer ce qu'aurait pu être l'attitude de King envers l'« acceptation de sa peine ». Pendant la guerre du Vietnam, à laquelle King s'opposait fermement (« la longue nuit de la guerre doit prendre fin », avait-il déclaré en 1965), le poète et prêtre catholique Daniel Berrigan a commis un acte de désobéissance civile. Avec d'autres hommes et femmes d'un groupe nommé « les Neuf de Catonsville », il est entré dans le bureau de recrutement de Catonsville (Maryland), a saisi les registres de conscription qui s'y trouvaient et y a mis le feu lors d'une « cérémonie » publique. Le père Berrigan s'est par la suite livré à cette méditation :

1. Loi sur les esclaves fugitifs. [NdT]

> Pardonnez-nous, chers amis, d'avoir troublé l'ordre, d'avoir fait brûler des papiers plutôt que des enfants [...]. Que Dieu nous vienne en aide, nous ne pouvions pas faire autrement [...]. Nous déclarons ceci : le meurtre correspond au désordre, tandis que la vie, le respect, l'esprit communautaire et la générosité constituent le seul ordre que nous acceptons. C'est en son nom que nous risquons notre liberté et notre réputation. Il est fini, ce temps où les hommes bons gardaient le silence, où leur obéissance leur interdisait l'audace de la parole ; fini, ce temps où les pauvres mouraient sans défense [1].

Bien que l'on parle d'hommes, les Neuf de Catonsville comptaient une femme dans leurs rangs : Mary Moylan. Après que les membres du groupe eurent été jugés coupables et condamnés, puis déboutés en appel, Moylan et Berrigan ont refusé de se livrer à la police et gagné la clandestinité. Au bout de quatre mois, on a débusqué Berrigan. Moylan, elle, n'a jamais été appréhendée. Depuis sa cachette, elle a écrit ceci :

> Je ne veux voir personne se rendre en prison le sourire aux lèvres. En fait, je ne veux tout simplement voir personne s'y rendre. Je ne veux pas que l'on gaspille le talent de nos frères et sœurs en les mettant derrière les barreaux.

1. Daniel Berrigan, *Night Flight to Hanoi. War Diary with 11 Poems,* New York, Macmillan, 1968. [Notre traduction]

Berrigan et Moylan étaient d'avis que la guerre était immorale et que d'aller en prison pour s'y être opposé l'était tout autant. Si, à l'instar de King, ils avaient senti que leur incarcération eût pu avoir quelque utilité, ils l'auraient sans doute acceptée. Un emprisonnement peut avoir l'effet d'une déclaration publique : « Oui, ce qui se passe dans le monde me préoccupe à un point tel que je suis prêt à risquer la prison pour exprimer ce que je ressens. »

Le refus de l'incarcération transmet un autre message : « Le régime infâme qui m'a condamné est celui qui mène cette guerre. Je vais le braver jusqu'au bout. Il ne mérite pas mon allégeance. » Comme le disait Daniel Berrigan, il s'agit de respecter un ordre fondé sur le respect et l'esprit communautaire, et non sur la guerre contre les enfants.

Au début de 1968, Berrigan et moi sommes allés à Hanoï pour récupérer trois pilotes américains que les Nord-Vietnamiens avaient relâchés. Nous nous y sommes liés d'amitié, si bien que je suis rapidement devenu très proche de l'extraordinaire mouvement catholique de résistance à la guerre du Vietnam.

Au début de 1970, Berrigan a été débouté en dernier appel. Risquant plusieurs années de prison, il a « disparu ». Les agents du FBI se sont mis à sa recherche avec toute l'ardeur dont ils étaient capables. Ils l'ont aperçu lors d'un grand rassemblement d'étudiants dans le gymnase de l'université Cornell. À un moment, les lumières se sont éteintes ; avant que les agents n'aient pu se frayer un chemin dans la foule pour le mettre en état d'arrestation, le prêtre s'est caché dans une marionnette géante, qu'on a ensuite transportée vers une ferme des environs.

Quelques jours après cette disparition, alors que j'étais chez moi, à Boston, on m'a téléphoné pour m'inviter à donner une conférence, dans une église de l'Upper West Side de Manhattan, sur les enjeux de la guerre et sur les frères Berrigan. Prêtre et membre des Neuf de Catonsville comme Daniel, Philip Berrigan avait aussi rejoint la clandestinité, mais venait d'être débusqué par le FBI dans un minuscule logement appartenant au curé de cette église.

Au moment de la conférence, la chapelle était bondée. Des agents du FBI s'étaient mêlés à la foule d'environ 500 personnes, car on les avait alertés de la présence possible de Daniel Berrigan. J'ai prononcé un bref discours, suivi de celui d'un ami de Daniel. Tandis que nous étions tous deux assis sur la scène, on nous a remis une note nous enjoignant d'aller à la rencontre de deux religieuses dans un restaurant hispano-chinois, plus haut dans Broadway, près de l'université Columbia. C'est là qu'on nous a indiqué le chemin menant à la maison du New Jersey où Daniel se cachait.

Le lendemain matin, nous nous y sommes rendus en voiture louée, puis avons rencontré Daniel. La maison n'était pas très sûre (il s'est avéré qu'un agent du FBI habitait en face !). Nous lui avons donc préparé un séjour à Boston, en prévoyant une auto, un chauffeur et une destination précise. Dès lors, et durant les quatre mois qui allaient suivre, Daniel a échappé aux agents du FBI, non sans les exaspérer. Il émergeait de temps à autre de sa clandestinité, soit pour prononcer un sermon dans une église de Philadelphie, soit pour accorder une entrevue à la télévision nationale, soit pour faire une déclaration publique sur la guerre, soit pour faire l'objet d'un film, *The Holy Outlaw* [« Le saint hors-la-loi »], portant sur son activisme antiguerre, tant clandestin qu'à visage découvert.

Pendant ces quatre mois, tout en prenant soin de Berrigan, je donnais mon cours de théorie politique à l'université de Boston. *Criton* était au programme, et je demandais à mes étudiants de réfléchir sur ce qui peut pousser quelqu'un à gagner la clandestinité. Bien entendu, aucun d'entre eux ne savait que le prêtre était ici même, à Boston, en train de mettre ses idées en pratique.

Je crois qu'on ne se trompe pas en affirmant que Martin Luther King Jr, malgré ses mots si souvent cités sur l'« acceptation » de sa peine, aurait soutenu les actions des frères Berrigan. Leur principe est simple : s'il convient de désobéir à des lois injustes, il convient tout autant de refuser le châtiment injuste résultant de cette désobéissance. Derrière l'« acceptation de la peine » (souvent défendue par ceux qui sympathisent avec les contestataires) se cache l'idée voulant que, peu importe l'ampleur de son désaccord avec telle loi ou avec telle politique, il ne faille pas manquer de respect envers la loi en général, ce respect étant essentiel au bon fonctionnement de la société. C'est un peu comme si l'on demandait aux enfants, au nom du fait que les pommes sont bonnes pour eux, de ne jamais refuser celles qui sont pourries, cela risquant de les amener à les rejeter toutes. Ce sont pourtant les pommes fraîches qui sont bonnes pour la santé, pas les pourries. Des lois iniques et des politiques néfastes menacent la vie et la liberté. Pourquoi ne pas faire confiance à l'intelligence humaine, apte à faire les distinctions qui s'imposent pour les lois aussi bien que pour les pommes ?

Nombre de gens adhèrent à la théorie des dominos, selon laquelle la chute d'une seule pièce entraîne celle de toutes les autres. Cela dénote une psychologie de la maîtrise absolue, un besoin de sécurité totale mettant fin à toute liberté : si on laissait quiconque se dérober à son châtiment, tout l'édifice social s'écroulerait.

Pourtant, au lieu de se préoccuper de l'intégrité de l'État, il faut se demander si une société dont les membres obéissent humblement à toutes les lois, même celles qui violent les droits de la personne, peut être saine. Si l'adoption de lois et de politiques injustes devenait la norme, ne faudrait-il pas, pour utiliser les mots de Platon, « renverser » l'État ?

La plupart des gens acceptent sans broncher l'idée de désobéissance si elle s'inscrit dans un contexte totalitaire ou manifestement non démocratique, comme c'était le cas du Sud des États-Unis à l'époque de la ségrégation raciale. Ils ne portent pas le même jugement sur les infractions à la loi dans une société libérale, dont les membres peuvent voter pour différents partis et exprimer librement leurs idées, et dont les lois sont adoptées par des instances constituées de représentants élus.

Cette argumentation passe à côté du fait que, grâce à son caractère spectaculaire, la désobéissance civile donne à la prise de parole une *force* dont sont dénués les autres modes d'expression comme le vote, les discours et l'écriture. Pour éviter la tyrannie de la majorité sur une minorité d'opprimés, il faut offrir aux dissidents les moyens d'exprimer pleinement leurs doléances.

William Lloyd Garrison, fougueux rédacteur en chef d'un journal abolitionniste de Boston, était conscient de ce besoin. Critiqué dans son propre camp pour son langage percutant (« Je n'hésiterai pas, je n'userai pas de faux-fuyants, je ne reculerai pas d'un pouce et on m'entendra ») et ses gestes spectaculaires (pour protester contre le fait que la Constitution autorisait l'esclavage, il en avait fait brûler un exemplaire lors d'un rassemblement), il a répliqué ainsi : « L'esclavage ne pourra être jeté aux orties sans agitation ; une extrême agitation [1]. »

Plusieurs contemporains de Garrison avaient saisi l'importance de son rôle. L'un d'entre eux considérait qu'il avait tiré le pays d'un sommeil profond : « Seule une secousse vigoureuse, voire brutale, pouvait le réveiller. » Un autre d'affirmer : « En ébranlant le pays jusqu'en son cœur, il en éliminera l'esclavage. »

La désobéissance civile ne constitue pas une rupture avec la démocratie ; bien au contraire, elle lui est absolument essentielle. Elle compense la lenteur des canaux « appropriés » et permet de franchir les barrières érigées par la tradition et les préjugés. Elle dérange, mais il s'agit d'une saine et nécessaire perturbation.

1. Cité dans Howard Zinn, *Une histoire populaire des États-Unis de 1492 à nos jours*, traduction de Frédéric Cotton, Montréal et Marseille, Lux Éditeur et Agone, 2002, p. 217.

Désobéir
à la politique étrangère

Dans un opuscule paru dans les années 1960, le juge de la Cour suprême Abe Fortas s'inquiétait de la vague de désobéissance civile en rappelant « l'importance capitale de l'accès aux urnes ».

Je discuterai plus loin de l'insuffisance du recours au vote en ce qui a trait à la discrimination raciale ou à l'injustice économique. Cela dit, le domaine de la politique étrangère constitue sans doute l'illustration la plus éloquente du caractère trompeur de cette « importance capitale de l'accès aux urnes ».

L'accès aux urnes ne change pas grand-chose en matière de politique étrangère, car celle-ci est déterminée par le président et un cercle restreint de conseillers qu'il a lui-même désignés. À maintes reprises dans son histoire, le peuple américain a appuyé un candidat promettant d'éviter la guerre et qui, sitôt en fonction, s'empressait de faire le contraire.

En 1916, Woodrow Wilson a été élu sur la base d'un programme pacifiste : « Il est des nations trop fières pour se battre [1]. » L'année suivante, il demandait au Congrès l'autorisation de déclarer la guerre. En 1940, Franklin

1. *Ibid.*, p. 409.

Roosevelt a été élu en promettant de ne pas engager les États-Unis dans le conflit mondial ; ses politiques ont pourtant peu à peu évolué dans le sens contraire.

Lors de la campagne présidentielle de 1964, la situation au Vietnam était pour le moins tendue. Le candidat Lyndon Johnson s'opposait à une intervention militaire dans le Sud-Est asiatique, tandis que son opposant Barry Goldwater y était résolument favorable. Les électeurs ont opté pour Johnson, mais ont obtenu la politique de Goldwater, c'est à dire l'offensive et l'escalade.

La Constitution stipule que la responsabilité de déclarer la guerre incombe au Congrès. Président de la Convention constitutionnelle de 1787, James Madison a expliqué les raisons de ce choix des pères fondateurs dans une lettre envoyée à Thomas Jefferson quelques années plus tard :

> La Constitution suppose, comme le montre l'histoire de tous les gouvernements, que l'exécutif est l'instance du pouvoir la plus intéressée par la guerre et celle qui tend le plus à y avoir recours. En conséquence, elle a confié par précaution la question de la guerre à la législature [1].

1. Cité et traduit par Réseau Voltaire, « Le discours d'Al Gore à Georgetown », *Voltaire.net*, 1er juillet 2004, http://www.voltairenet.org/article14404.html.

Cela n'a pas empêché maints présidents de décider de partir en guerre, avec l'assentiment obséquieux du Congrès. Lors des deux guerres les plus récentes auxquelles les États-Unis ont participé, celles de Corée et du Vietnam, le Congrès, bien qu'ignoré, n'en a pas moins alloué les sommes que le président réclamait pour ses entreprises belliqueuses. Lorsqu'on en vient à prendre la décision de faire la guerre, un régime monarchique ne serait pas différent d'un gouvernement représentatif.

On dirait que plus on s'approche de questions de vie ou de mort (de paix ou de guerre), plus ce régime soi-disant démocratique révèle son caractère antidémocratique. Dès que le gouvernement, en faisant fi de la procédure démocratique, engage le pays dans une guerre, toute critique de cette dernière devient passible d'emprisonnement, comme ce fut le cas lors de la guerre de Sécession et des deux conflits mondiaux. Il s'agit d'un double revers pour la démocratie.

À l'école secondaire, on enseigne aux jeunes que la Cour suprême a le mandat d'interpréter la Constitution, sans doute dans l'intérêt de la démocratie (les freins et contrepoids, et tout le reste). Elle l'a pourtant fait de manière à ce que la démocratie soit évacuée de l'élaboration de la politique étrangère. Dans un arrêt de 1936 (*États-Unis c. Curtiss-Wright Export Corp.*), elle a octroyé au président les pleins pouvoirs en la matière, y compris celui de ne pas tenir compte de la Constitution :

> L'énoncé de portée générale selon lequel le gouvernement fédéral ne peut exercer aucun pouvoir à l'exception de ceux expressément énumérés dans la Constitution, et que de tels pouvoirs implicites sont nécessaires et appropriés pour que les pouvoirs énumérés deviennent exécutoires, n'est catégoriquement vrai qu'en ce qui concerne les questions de politique intérieure.

Voilà une décision qui choquera tout Américain ayant appris à l'école que les pouvoirs du gouvernement sont limités par la Constitution. Elle n'a cependant jamais été renversée. Au cours de l'histoire des États-Unis, le Congrès s'est toujours comporté comme un troupeau de moutons quand le président souhaitait entrer en guerre.

En 1846, le président Polk, qui convoitait la Californie et d'autres terres du Mexique, a provoqué la guerre américano-mexicaine en envoyant des troupes dans une région disputée. À la suite d'une bataille entre les armées des deux pays, il a demandé au Congrès l'autorisation de déclarer la guerre. Celui-ci s'est empressé d'accepter, le sénat ne débattant de la résolution que pendant une journée et la chambre des représentants, pendant deux heures.

Un siècle plus tard, à l'été 1964, le président Lyndon Johnson a rapporté que des vaisseaux américains s'étaient fait attaquer au large de la côte vietnamienne, dans le golfe du Tonkin. Le Congrès l'a cru sur parole (il s'avérera que ce rapport était une supercherie) et, à une majorité écrasante (l'unanimité à la chambre des représentants, deux voix contre au sénat), lui a donné carte blanche pour mener toute opération militaire qu'il jugerait à-propos.

Contrairement aux exigences de la Constitution, il n'y a eu aucune déclaration de guerre, mais, après que des citoyens eurent dénoncé la situation, la Cour suprême s'est comportée de manière aussi frileuse que le Congrès. Elle ne s'est donc jamais prononcée sur la constitutionnalité de la guerre du Vietnam. Elle n'a même jamais voulu en discuter.

L'exemple d'Ernest Da Costa, qui, en 1972, a porté sa cause devant la Cour suprême, illustre bien cette dérive. Ce conscrit de l'armée américaine refusait d'aller se battre au Vietnam, arguant que le Congrès, qui n'avait pas autorisé la guerre, ne pouvait le contraindre à servir à l'étranger. La Cour n'a pas accepté d'entendre sa cause. Pour qu'une affaire puisse lui être soumise, l'assentiment de quatre de ses juges est nécessaire ; or, seuls deux d'entre eux souhaitaient entendre les arguments du jeune homme. Pour se justifier, elle a invoqué que de tels enjeux sont d'ordre « politique » : trop importants pour être abordés par la Cour suprême, instance non élue, ils doivent l'être par les instances « politiques » de l'État, ceux qui font l'objet d'élections, c'est-à-dire le président et le Congrès.

On sait cependant que le Congrès n'a jamais eu l'audace de contester la demande d'autorisation d'entrer en guerre faite par un président. Voilà ce que sont ces freins et contrepoids censés nous protéger de l'autocratie ! Il s'avère que ces canaux « appropriés » que l'on ne cesse de louanger sont en fait des labyrinthes dans lesquels on invite le citoyen à se perdre, tel un animal de laboratoire.

Cette concentration de pouvoirs dictatoriaux entre les mains du président en ce qui a trait aux opérations militaires a été mise en lumière quand le secrétaire d'État Dean Rusk a témoigné devant le Congrès en 1962. L'homme relatait la tentative d'invasion de Cuba entreprise l'année précédente, opération que la CIA et la Maison-Blanche avaient secrètement planifiée sans consulter le Congrès. Rusk a tenté de rassurer les parlementaires en leur expliquant qu'une telle pratique était chose courante. Il leur a remis une liste, établie par le département d'État et intitulée « Interventions de l'armée des États-Unis à l'étranger de 1798 à 1945 », décrivant 127 opérations militaires effectuées sur ordre du président. En voici quelques exemples, illustrant bien le jargon du département d'État :

- 1852-1853, Argentine. Débarquement et maintien des Marines à Buenos Aires pour protéger les intérêts américains pendant une révolution.
- 1854, Nicaragua. Destruction de San Juan del Norte (Grey Town) pour venger une offense faite à un diplomate américain en poste au Nicaragua.
- 1855, Uruguay. Débarquement de forces navales européennes et américaines en vue de protéger les intérêts des États-Unis lors d'une tentative de révolution à Montevideo.

Quand les États-Unis ont retiré leurs troupes du Vietnam en 1973, plus de 50 000 soldats américains avaient trouvé la mort dans cette guerre initiée par le président, soutenue par un Congrès servile et facilitée par une Cour suprême refusant d'intervenir. Par la suite, rassemblant l'once de courage qui lui restait, le Congrès a adopté la *Loi sur les pouvoirs de guerre,* qui devait limiter la possibilité pour le président de placer l'armée en situation de conflit. Entre autres dispositions, on pouvait y lire celle-ci :

> Le président doit, chaque fois que cela est possible, consulter le Congrès avant de lancer les forces armées dans des hostilités ou de les mettre

dans des situations où tout indique qu'elles devraient prendre part à des hostilités.

La *Loi sur les pouvoirs de guerre* a été ignorée à maintes reprises par divers présidents. Au printemps 1975, Gerald Ford a fait envahir une île et bombarder une ville du Cambodge après que les autorités de ce pays eurent détenu, sans lui faire de mal, l'équipage du navire américain *Mayaguez*. Selon la Loi, Ford aurait d'abord dû consulter le Congrès. « On ne m'a pas consulté, mais on m'a informé après coup », a révélé Mike Mansfield, leader des démocrates au sénat.

À l'automne 1982, Ronald Reagan a envoyé des troupes au Liban, où la situation était dangereuse, sans se conformer aux dispositions de la *Loi sur les pouvoirs de guerre* ; peu de temps après leur arrivée, plus de 200 Marines ont péri dans l'explosion d'une bombe ayant dévasté leur caserne. Au printemps 1983, ce président a ordonné l'invasion de l'île de Grenade, dans les Caraïbes, plaçant encore une fois le Congrès devant un fait accompli. En 1986, l'armée de l'air a bombardé la capitale de la Libye dans les mêmes circonstances. En 1989, c'était au tour de George Bush d'occuper Panamá (nom de code de l'oération : « juste cause ») sans consultation préalable des parlementaires.

Nous venons de survoler quelques opérations militaires entreprises au grand jour par des présidents sans l'assentiment du Congrès. Cependant, en matière de politique étrangère, l'absence de démocratie est encore plus flagrante si l'on considère tout ce que le président et ses conseillers font en secret, derrière le dos de la population et de ses représentants élus.

Parmi ces opérations secrètes, mentionnons le renversement du gouvernement iranien en 1953 afin de rétablir la monarchie du Shah, l'invasion du Guatemala en 1954 en vue d'évincer son président élu démocratiquement, l'invasion de Cuba en 1961 et l'éventail d'opérations clandestines en Indochine dans les années 1950 et 1960, y compris le bombardement du Cambodge. Plus récemment, pour tenter de faire tomber le régime sandiniste du Nicaragua, on a soutenu une force contre-révolutionnaire basée au Honduras voisin, la contra, à laquelle on a secrètement livré des armes en violation d'une loi adoptée par le Congrès, et on a miné les ports du pays.

Lorsque l'affaire Iran-Contra a éclaté au grand jour en 1986-1987, le président Reagan a feint l'ignorance, appliquant une fois de plus la doctrine du « démenti plausible ». Lors de son discours sur l'état de l'union de 1987 (année du bicentenaire de la Constitution), il a fait preuve d'une stupéfiante hypocrisie en déclarant :

Les autres constitutions stipulent que le gouvernement décide de ce que la population a le droit de faire, tandis que la nôtre dit que c'est nous, le peuple, qui déterminons ce que le gouvernement peut faire, et que ce dernier est autorisé à accomplir uniquement ce qui est indiqué dans ce document et dans aucun autre.

Ces opérations de couverture (ce terme est utilisé officiellement et il paraît peut-être plus respectable que « opérations secrètes ») sont fondamentalement antidémocratiques. Elles se déroulent à l'insu du peuple américain. Ceux qui les effectuent n'ont donc pas de comptes à rendre aux instances démocratiques. Le gouvernement a contourné ses propres règles. Pour mettre un terme à cette situation, il est possible que le recours à la désobéissance civile soit nécessaire.

La désobéissance civile est-elle toujours légitime ?

On oppose souvent à la désobéissance civile l'argument suivant : si j'approuve votre geste de désobéissance civile, ne suis-je pas tenu par l'honneur de le faire pour quiconque ? Si j'appuie les infractions de Martin Luther King, ne dois-je pas soutenir aussi celles du Ku Klux Klan ?

Un tel raisonnement découle d'une conception erronée de la désobéissance civile. Il est indéfendable d'enfreindre la loi dans le but de commettre une injustice (comme lorsque le gouverneur de l'Alabama a bloqué l'accès d'une école publique à un étudiant noir ou que le colonel Oliver North a acheté des armes pour des terroristes d'Amérique centrale). Que ce soit permis (avant 1954) ou non (après 1954), interdire à des enfants noirs d'entrer dans une école reste quelque chose de mal. Un geste doit être jugé à l'aune de sa moralité, et non de sa légalité.

Le principe que je propose pour justifier la désobéissance civile n'est pas de tolérer toute violation de la loi, mais de refuser d'obéir à cette dernière de manière absolue. Le critère suprême n'est pas la loi, mais la justice.

Voilà qui en agace plus d'un, car juger des actes à portée sociale selon leurs conséquences morales est une lourde responsabilité. Cela peut devenir assez complexe et exige une vigilance constante à l'égard des pratiques et des politiques. Il est beaucoup plus simple de ne rien faire et de laisser cette responsabilité à la loi, sans égard à ce que celle-ci dit de l'affaire en cause, à ce que les politiciens en ont fait sur la base de leurs intérêts particuliers ou à l'interprétation qu'en donne la Cour suprême dans les circonstances. C'est effectivement plus facile. Rappelons-nous toutefois ces mots de Jefferson : « Le prix de la liberté, c'est la vigilance éternelle. »

En vérité, on craint que de terribles conséquences découlent du fait de laisser les citoyens juger de la pertinence d'obéir ou non à la loi. À l'été 1968, à Boston, le juge Francis Ford a condamné à une peine de prison le Dr Benjamin Spock, le révérend William Sloane Coffin Jr, l'écrivain Mitchell Goodman et l'étudiant de Harvard Michael Ferber pour leur appel à la résistance à la conscription comme moyen de mettre fin à la guerre du Vietnam. « Là où la loi et l'ordre s'arrêtent, il va sans dire que l'anarchie commence », a déclaré le magistrat.

Par un même réflexe essentiellement conservateur, on a déjà cru que les lois sur le salaire minimum ouvraient la porte au bolchevisme, que la fin de la ségrégation dans les autobus entraînerait la multiplication des mariages mixtes et que le communisme vietnamien se répandrait partout dans le monde. Selon cette vision, tout acte accompli dans un certain sens mène directement à sa version extrême, comme si le changement social commençait en haut d'une pente abrupte, que celui-ci dévalait jusqu'en bas à la première poussée.

En fait, la désobéissance civile, ainsi que tout geste posé en vue de l'adoption de réformes, ressemble plutôt à une première poussée vers le haut d'une pente. La société tend spontanément vers l'immobilisme. À la lumière de l'histoire, on constate que la révolte n'est qu'une réaction éventuelle à la souffrance ; les exemples de soumission à l'autorité y sont infiniment plus nombreux. Ainsi, plutôt que de se préoccuper d'une illusoire tendance à l'insurrection, on devrait s'inquiéter de cette propension qu'ont les citoyens à se soumettre à l'écrasant climat d'injustice dans lequel ils baignent.

L'histoire montre que les pires atrocités (guerres, génocides, esclavage) ne résultent pas de la désobéissance, mais plutôt de l'obéissance.

La guerre du Vietnam et l'obéissance

À de rares moments dans l'histoire des nations, il arrive que, dans un débordement d'indignation, une part importante de la population cesse d'obéir aux autorités. C'est ce qui s'est passé aux États-Unis lors de la guerre du Vietnam. Quand les Américains ont constaté que leur pays, qu'on leur avait appris à croire civilisé et charitable, tuait des paysans vietnamiens en recourant au napalm, à des bombes à fragmentation et à d'autres horribles engins faits pour la guerre moderne, ils ont refusé de se cantonner à la bienséance des moyens d'expression usuels.

La plupart des interventions contre la guerre n'étaient pas des actes de désobéissance civile. Elles n'avaient donc rien d'illégal, bien qu'elles eussent eu lieu à l'extérieur du cadre juridique et n'eussent pas suivi la procédure politique habituelle. Rassemblements, pétitions, piquetage, lobbying... Un réseau national voué aux campagnes de sensibilisation a spontanément pris forme, mettant sur pied des journaux parallèles et organisant des séminaires sur les campus ainsi que des réunions dans les églises et dans les communautés.

À l'été 1964, au moment du soi-disant affrontement entre vaisseaux américains et patrouilleurs nord-vietnamiens dans le golfe du Tonkin, j'enseignais dans une Freedom School de Jackson (Mississippi). En août, on a retrouvé près de Philadelphia (Mississippi) les cadavres criblés de balles de trois militants des droits civiques disparus deux mois plus tôt. Avec d'autres membres du mouvement, je me suis rendu sur les lieux du meurtre, où se tenait un rassemblement en mémoire des victimes.

Pendant le rassemblement, un organisateur du Mississippi, Bob Moses, s'est levé pour prendre la parole. Tenant à bout de bras le quotidien du matin de Jackson, dont la manchette disait « Johnson invite les soldats à tirer pour tuer dans le golfe du Tonkin », il a déclaré, d'un ton amer, quoique posé (ce sont à peu près les mots dont je me souviens) :

> Le président souhaite envoyer des soldats tuer des gens à l'autre bout du monde, des gens dont nous ne savons rien, alors qu'ici, au Mississippi, il refuse de dépêcher qui que ce soit pour protéger les Noirs de la violence meurtrière.

L'automne suivant, alors que l'engagement américain au Vietnam s'amplifiait, j'ai commencé à enseigner à l'université de Boston et j'ai pris part au mouvement antiguerre. Au départ, ce dernier était assez marginal, et ses membres entretenaient peu d'espoir de s'imposer face à la puissance du gouvernement. Au fur et à mesure que la violence du conflit s'amplifiait, quand il est devenu évident que des civils se faisaient tuer en masse, que le gouvernement de Saigon était corrompu, impopulaire et à la solde de notre propre gouvernement, et que des officiels de haut rang mentaient délibérément à la population américaine, le mouvement a connu un essor fulgurant.

Au printemps 1965, au parc Boston Common, j'ai prononcé avec d'autres militants un discours contre la guerre devant environ 100 personnes. En octobre 1969, pendant que des rassemblements avaient lieu dans des centaines de localités partout au pays, nous en avons tenu un autre au parc Boston

Common, auquel 100 000 personnes ont participé. À mesure que l'engagement américain au Vietnam prenait de l'ampleur (500 000 soldats, largage de millions de tonnes de bombes), il en allait de même du mouvement antiguerre.

De jeunes militants noirs des droits civiques rattachés au Student Nonviolent Coordinating Committee (SNCC) ont été parmi les premiers à s'opposer à la guerre. Au milieu de l'année 1965, à McComb (Mississippi), de jeunes Noirs venant d'apprendre qu'un de leurs camarades de classe était mort au Vietnam ont distribué un tract sur lequel on pouvait lire ceci :

> Aucun Noir du Mississippi ne devrait se battre au Vietnam au nom de la liberté de l'homme blanc tant que les Noirs du Mississippi ne seront pas libres.
>
> Ici même, au Mississippi, les jeunes hommes noirs devraient refuser la conscription. Leurs mères devraient les encourager en ce sens.

À l'été 1966, six jeunes Noirs, membres du SNCC, se sont introduits dans un centre de formation des recrues, en protestation contre la guerre. On les a arrêtés, puis condamnés à l'emprisonnement. Un autre membre du SNCC, Julian Bond, fraîchement élu à la chambre des représentants de Georgie, s'est prononcé contre la guerre et la conscription, ce qui a conduit les parlementaires à adopter une motion lui interdisant de siéger. (La Cour suprême a finalement cassé cette décision, invoquant que son droit à la liberté d'expression, protégé par le premier amendement à la Constitution, avait été bafoué.)

Martin Luther King Jr s'est publiquement prononcé contre la guerre, faisant fi de l'avis de certains dirigeants du mouvement des droits civiques, qui craignaient qu'il nuise ainsi aux réformes amorcées par le président Johnson. King a refusé de se taire :

> D'une manière ou d'une autre, cette folie doit prendre fin. Nous devons immédiatement y mettre un terme. Je parle en tant qu'enfant de Dieu et frère des pauvres qui souffrent au Vietnam. Je parle au nom de tous ceux dont les terres sont dévastées, les maisons détruites, la culture anéantie. Je parle au nom des pauvres d'Amérique, qui paient en double en subissant, chez eux, la fin de leurs espoirs et, au Vietnam, la mort et la corruption. Je parle en tant que citoyen d'un monde effaré devant le chemin que nous avons pris. Je parle aux dirigeants de mon pays en tant qu'Américain. Nous avons pris l'initiative de déclencher cette guerre. C'est nous qui devons prendre l'initiative d'y mettre un terme [1].

1. Martin Luther King Jr, *Beyond Vietnam : A Time to Break Silence*, discours prononcé à New York le 4 avril 1967. [Notre traduction]

De nombreux jeunes hommes ont commencé à refuser de s'inscrire sur les registres du service militaire ou de refuser l'entraînement s'ils étaient mobilisés. Des étudiants ont signé une pétition intitulée *We Won't Go*[1]. Plus d'un demi-million d'hommes ont résisté à la conscription, dont 200 000 ont fait l'objet d'accusations et 3 000 ont pris la fuite. Il y avait tant d'inculpés qu'on a dû abandonner la majorité des poursuites. Au bout du compte, 8 750 hommes ont été condamnés pour insoumission.

Le 1er mai 1968, un de mes étudiants, Philip Supina, a envoyé une lettre à son bureau d'incorporation de Tucson (Arizona), qui disait ceci :

> Vous trouverez ci-jointe ma convocation à l'examen médical préalable à la mobilisation. Je n'ai aucune intention de m'y présenter, ni de participer à l'entraînement au service, ni de contribuer de quelque façon que ce soit à l'effort de guerre des États-Unis à l'encontre du peuple vietnamien.

On l'a condamné à quatre ans de prison.

Toutes les guerres ont compté leur lot de critiques au sein même de l'armée, mais celle du Vietnam a suscité une contestation ouverte et

1. En français : Nous n'irons pas. [NdT]

des désertions discrètes d'une ampleur sans précédent. Aussi tôt qu'en juin 1965, le diplômé de West Point Richard Steinke a refusé de monter à bord de l'avion qui devait le transporter vers un village vietnamien reculé. « La guerre du Vietnam ne vaut pas une seule vie américaine », a-t-il déclaré.

Plusieurs personnes ont désobéi individuellement. Un soldat noir d'Oakland a refusé d'embarquer sur un avion de transport de troupes à destination du Vietnam. Une infirmière de la marine a été traduite en cour martiale pour avoir participé en uniforme à une manifestation pacifiste et pour avoir largué des tracts antiguerre sur une base navale depuis un avion. À Norfolk (Virginie), un marin a refusé de former des pilotes d'avion de chasse parce qu'il considérait la guerre comme immorale. Au début de 1968, à Washington, un lieutenant de l'armée s'est fait arrêter pour avoir fait du piquetage devant la Maison-Blanche en tenant une pancarte sur laquelle on pouvait lire : « 120 000 victimes américaines. Pourquoi ? » Deux Marines noirs ont été condamnés à six ans et à dix ans de détention respectivement pour avoir parlé contre la guerre à d'autres Marines noirs.

Les désertions se sont multipliées. Il est impossible d'en connaître le nombre exact, bien qu'il soit probable que celui-ci tourne autour de 100 000. Des milliers de réfractaires se sont enfuis en Europe de l'Ouest (France, Suède et Pays-Bas), mais la plupart se sont exilés au Canada. Ils ont été 34 000 à passer en cour martiale pour être condamnés à la prison. On a compté plus d'un demi-million de démobilisations jugées « peu honorables ».

Le mouvement des soldats contre la guerre s'est structuré. Partout au pays, près des bases militaires, on a ouvert des cafés où les soldats pouvaient rencontrer des collègues s'opposant à la guerre, et on a mis sur pied de nombreux journaux parallèles (on comptait 50 titres en 1970) comportant des articles critiques, de l'information sur le harcèlement subi par les soldats et des conseils juridiques sur les droits des militaires.

La dissidence s'est étendue jusqu'au front. En octobre 1969, pendant que des manifestations antiguerre avaient lieu partout aux États-Unis, certains soldats servant au Vietnam affichaient leur soutien en portant des brassards. Dans une lettre du 26 octobre 1970, un soldat en poste à Cu Chi racontait à un ami que les autorités avaient formé des compagnies distinctes pour les soldats refusant de se battre. « Refuser de se battre est désormais chose banale », écrivait-il. Selon une dépêche d'avril 1972, 50 fantassins d'un bataillon en comptant 142 ont refusé pendant une heure et demie de patrouiller dans les environs de Phu Bai. « Nous n'irons pas ! Ce n'est pas notre guerre ! » criaient-ils. « Pourquoi diable se bat-on pour une cause à laquelle nous ne croyons pas ? » commentaient les autres. Un sergent capturé par les Vietnamiens a raconté son trajet vers le camp de prisonniers de guerre :

> Avant d'arriver au premier camp, nous n'avions pas vu un seul village intact ; ils étaient tous détruits. Je me suis arrêté en me disant : « Est-ce bien ou mal ? Est-il juste de détruire des villages ? A-t-on le droit de tuer des gens en masse ? » À la longue, ça m'a vraiment dérangé.

Selon le quotidien français *Le Monde*, 109 soldats de la première division de cavalerie aérienne ont fait l'objet de poursuites pour avoir refusé de combattre. « On aperçoit souvent un soldat noir, le poing gauche serré, dénonçant de la sorte une guerre qu'il n'a jamais considérée comme étant la sienne », écrivait le correspondant.

À l'été 1970, 28 officiers brevetés, dont des vétérans du Vietnam, ont annoncé la mise sur pied du Concerned Officers Movement Against the War [1] en affirmant représenter 250 autres officiers. Au milieu de l'année 1973, on a rapporté que des cadets de West Point abandonnaient leurs études, tendance attribuable, selon les officiels de l'Académie, « à une génération à l'aise et moins portée sur la discipline que sur le

1. En français : Mouvement antiguerre des officiers inquiets. [NdT]

scepticisme et les remises en question, ainsi qu'à l'ambiance antimilitariste créée par une petite minorité radicale et par la guerre du Vietnam ».

Aucun militaire, sans doute, n'est plus discipliné, plus obéissant et mieux entraîné que les pilotes de l'armée de l'air. Vers Noël 1972, toutefois, quand l'administration Nixon a ordonné le bombardement sans merci de civils à Hanoï et à Haïphong, plusieurs pilotes de B-52 ont refusé de s'envoler.

On ne peut justifier les innombrables actes de désobéissance civile contre la guerre du Vietnam (tant ceux des militaires que ceux des conscrits et des civils) simplement au nom de la désobéissance civile elle-même : on les a commis en vertu d'un droit, celui de millions de Vietnamiens de ne pas se faire tuer parce que les États-Unis considéraient l'Asie du Sud-Est comme « un bien immobilier de prime importance » (ces mots sont du président John F. Kennedy).

Qu'ils aient été commis dans les limites de la loi ou au-delà, les gestes doivent être jugés selon leurs conséquences humaines. Voilà pourquoi la désobéissance civile du colonel Oliver North (qui avait fourni des armes aux contras, les aidant de ce fait à perpétrer des actes terroristes contre des fermiers nicaraguayens) était injustifiable, tandis que celle des millions de personnes ayant voulu mettre fin à la guerre du Vietnam était nécessaire et justifiée.

En 1987, lorsque le comité du Congrès chargé des audiences sur l'affaire Iran-Contra a interrogé Oliver North, il ne lui a posé aucune question sur la mort de Nicaraguayens innocents ayant résulté de ses actes. Les membres se sont concentrés, comme le fait généralement l'appareil judiciaire américain, sur une question d'ordre technique : North avait-il ou non enfreint la loi ? Personne n'a posé cette question autrement plus importante : Pourquoi avait-il enfreint la loi ?

Il est intéressant de noter que, lors de ces audiences, North ne faisait pas primer le droit sur la règle des hommes. Pour obéir au président, il se disait prêt à enfreindre la loi : « Si le commandant en chef ordonne à son lieutenant-colonel d'aller dans un coin et de s'y tenir sur la tête, je vais obéir », a-t-il déclaré.

La justice devant les tribunaux

Les responsables de l'appareil judiciaire américain ne souhaitent pas que la population accepte l'idée de désobéissance civile, bien que celle-ci repose sur la Déclaration d'indépendance, qu'elle ait bénéficié de l'approbation de certains des plus grands penseurs de l'histoire et que certaines des plus importantes avancées en matière d'égalité et de liberté aux États-Unis aient eu lieu grâce à des mouvements sociaux ayant agi hors du cadre juridique habituel, voire à l'encontre de la loi. Ils craignent que l'idée gagne en popularité, et ils n'ont pas tort, car, selon moi, la plupart des gens estiment que la justice est plus importante que la loi.

Pendant la guerre du Vietnam, peu de temps après mon retour de Hanoï, où j'avais visité des villages dévastés par les bombes américaines, on m'a demandé de témoigner dans un procès, à Milwaukee. Quatorze personnes, dont plusieurs prêtres et religieuses catholiques, s'étaient introduites dans un bureau de recrutement et y avaient détruit des documents en protestation contre la guerre.

J'étais invité, à titre de témoin expert, pour raconter au juge et aux jurés l'histoire de la désobéissance civile aux États-Unis, pour exposer son honorable enracinement dans la révolution américaine et pour énumérer les conquêtes qu'elle a rendues possibles en matière de justice économique et d'égalité raciale.

J'ai commencé mon exposé en parlant de la Déclaration d'indépendance, et j'ai poursuivi en traitant du concept de désobéissance civile chez Thoreau, pour ensuite relater l'histoire de la désobéissance civile aux États-Unis. Abattant son marteau, le juge a déclaré : « Arrêtez ! Vous ne pouvez pas discuter de ce sujet, car il touche au fond du problème. »

L'avocat de la défense m'a alors demandé : « Quelle est la différence entre la loi et la justice ? » La poursuite a soulevé une objection. « Objection retenue », a répondu le juge. D'autres questions sur la désobéissance civile ont suivi, puis d'autres objections, toutes retenues. Je me suis donc tourné vers le juge (chose qu'un témoin n'est pas censé faire) pour lui demander, d'une voix assez forte pour être entendu de toute l'assistance : « Pourquoi ne pourrais-je pas dire quelque chose d'important ? Pourquoi le jury ne pourrait-il pas entendre quelque chose d'important ? »

Rouge de colère, le juge a répliqué : « Vous n'êtes pas autorisé à claironner de la sorte. Si vous récidivez, je vous ferai incarcérer pour outrage au tribunal. » Plus tard, je me suis dit que j'aurais dû faire preuve de plus de courage et me joindre aux accusés en commettant un acte de désobéissance civile.

En fait, le juge ne voulait entendre parler que des détails techniques des infractions perpétrées par les accusés : entrée par effraction, destruction de documents appartenant à l'État, violation de propriété. « Cette cause est une cause d'incendie criminel et de vol. » Il ne souhaitait pas savoir pourquoi ces citoyens, d'ordinaire honnêtes et respectueux des lois, avaient commis une infraction. Il refusait qu'on parle de la guerre du Vietnam. Il ne voulait rien apprendre au sujet de la tradition de la désobéissance civile.

Respecter la mécanique d'une « procédure régulière » (procès, confrontation des plaidoiries, verdict d'un jury composé de citoyens) ne suffit pas si les parties ne peuvent achever leur plaidoirie, si le jury n'est pas au fait de ce qui est en jeu et si celui-ci ne peut rendre une décision fondée sur la légitimité des actes commis par les accusés, sans égard à leur légalité. En principe, c'est au juge de veiller à ce que la loi soit claire aux yeux du jury, mais c'est à ce dernier de rendre justice. Cependant, si le magistrat empêche les jurés d'entendre un témoignage relatif à la cause, il les confine à l'étroitesse des aspects techniques de la loi, rendant caduque la finalité démocratique d'un procès devant jury.

Le tribunal, qui se veut pourtant l'un des bastions de la démocratie, est essentiellement une tyrannie. Le juge en est le monarque. Il a la haute main sur la preuve, sur les témoins, sur les questions et sur l'interprétation de la loi. Au milieu des années 1980, j'ai été appelé à témoigner par un groupe de Providence (Rhode Island) ayant causé des dommages symboliques lors du lancement d'un sous-marin porteur d'armes nucléaires. Ses membres avaient agi dans le but de protester contre les dépenses colossales destinées à l'achat d'armes meurtrières et contre l'escalade dans la course aux armements. J'envisageais d'entretenir le jury de l'importance de la désobéissance civile pour la démocratie américaine.

Le juge ne m'a jamais laissé parler. Au moment où je m'apprêtais à répondre à la première question de l'avocat de la défense – « Pouvez-vous nous relater l'histoire de la désobéissance civile aux États-Unis ? » –, il m'a arrêté. « Objection retenue », a-t-il martelé. Je n'avais pourtant entendu aucune objection de la part de la poursuite.

En effet, à ce moment, le procureur de l'État, un jeune homme, a déclaré : « Votre honneur, je n'ai pas formulé d'objection.

– Eh bien, pourquoi pas ? a demandé le juge.

– Parce que je considérais la question pertinente, a répondu l'avocat.

– Je ne suis pas d'accord », a conclu le juge.

Je n'ai jamais pu dire quoi que ce soit au jury. De toute évidence, le juge en voulait furieusement à ces contestataires antimilitaristes et était déterminé à leur montrer le chemin des cellules. On les accusait d'avoir commis un acte criminel, passible d'un maximum de dix ans de prison, et un délit, passible d'un an. Le procureur de l'État, manifestement convaincu que ces accusés n'étaient pas de dangereux criminels, voire sympathique à leur cause, a abandonné l'accusation d'acte criminel, les informant discrètement qu'il avait agi ainsi parce qu'il était certain que le juge leur aurait infligé la sentence maximale de dix ans.

Aux États-Unis, le pouvoir et les partis pris des juges mettent la justice à rude épreuve. En cour, la liberté d'expression n'existe pas, les juges décidant de ce que l'on peut dire ou non. En 1980, un magistrat de New York a abandonné les accusations contre quinze personnes poursuivies pour avoir manifesté sur le site d'un centre de recherche sur les armes nucléaires. Il a pris cette décision suivant les conseils du procureur de l'État, qui lui avait dit : « Il faut empêcher ces accusés d'utiliser la cour criminelle comme une tribune pour faire valoir leurs opinions. »

La plupart des juges baignent depuis l'enfance dans le confort matériel, c'est-à-dire qu'ils proviennent des classes aisées et qu'ils tendent à être conservateurs et hostiles à l'égard des progressistes, des manifestants, des contestataires et de quiconque contrevient à « la loi et l'ordre ». Purs produits du mode de vie américain, ils ont bien assimilé l'idéologie dominante.

Toutefois, les juges ne sont pas imperméables aux changements d'humeur de la population et aux variations du climat politique. Si cela les amène à laisser les jurys se faire expliquer les raisons pour lesquelles les protestataires ont agi, le bon sens des jurés peut entrer en jeu. Ceux-ci peuvent dès lors acquitter les accusés même s'ils ont enfreint la loi. S'ils en ont l'occasion et qu'ils ne se font pas intimider par les juges, les jurys peuvent placer la justice au-dessus de la loi.

En 1967, le mouvement contre la guerre du Vietnam avait pris, partout au pays, une ampleur considérable. À Oakland (Californie), dans la foulée de manifestations ayant perturbé le bon fonctionnement d'un centre de recrutement, sept personnes ont fait l'objet de poursuites pour conspiration en vue de violer la propriété, pour nuisance publique et pour résistance à leur arrestation. Le juge a autorisé « les Sept d'Oakland » à expliquer au jury en quoi ils croyaient la guerre illégale, et a demandé aux jurés de tenir compte de ces considérations pour déterminer si les accusés avaient agi dans une intention criminelle ou non. Le jury a acquitté les sept accusés. Plus tard, un des jurés a déclaré : « Je ne suis pas une marionnette : je suis un libre penseur. »

Le verdict d'annulation par un jury

Le jury qui a acquitté les Vingt-Huit de Camden s'est prévalu d'un droit dont les juges ne parlent jamais : celui de rendre un verdict selon sa conscience plutôt que selon les strictes exigences de la loi, autrement dit de faire primer la justice sur la loi.

Le droit au « verdict d'annulation par un jury » remonte à un épisode survenu au XVIIIe siècle en Grande-Bretagne, où des jurés, faisant fi d'un risque d'amende et d'emprisonnement, ont refusé de condamner deux Anglais accusés d'avoir pris la parole en public. Une plaque commémorative installée à Old Bailey (siège de la Cour criminelle centrale du Royaume-Uni, à Londres) rappelle le courage de ces jurés et cite un extrait de la décision du juge en chef, pour qui ce procès « a établi le droit des jurés à rendre leur verdict selon leurs convictions ».

En Amérique du Nord, on a appliqué le principe du verdict d'annulation par un jury dès 1735. Cette année-là, John Peter Zenger, imprimeur new-yorkais accusé d'écrit diffamatoire séditieux pour avoir publié des documents n'ayant pas été autorisés par le maire britannique, a été acquitté par un jury. Les jurés avaient ignoré les instructions du juge, suivant les conseils de l'avocat de la défense, qui les avait invités à « voir de leurs propres yeux, à entendre de leurs propres oreilles et à obéir à leur conscience ».

À la suite de l'adoption de la *Fugitive Slave Law* [loi sur les esclaves fugitifs] de 1850, le pasteur anti-esclavagiste Theodore Parker s'est demandé, devant un auditoire de Nouvelle-Angleterre, ce qu'il ferait s'il était membre d'un jury appelé à juger un bon samaritain du Massachusetts poursuivi pour avoir aidé une esclave à s'échapper de Caroline du Sud et pour l'avoir hébergé en lieu sûr :

> Je pourrais interpréter mon serment de juré en rendant un verdict conforme à la loi et aux témoignages. On peut présumer que la loi est claire, et les témoignages sont concluants. [...] Si, par mon serment, j'ai renoncé à mon humanité, je devrai agir comme il se doit et juger le bon samaritain coupable, ce qui me donnera l'air d'un vrai homme ; si, au contraire, j'accorde de l'importance à mon humanité, je devrai agir selon mes devoirs naturels d'aimer mon prochain, et non de le haïr, de lui rendre justice, et non de lui faire subir une injustice, et de lui accorder les droits naturels dont il n'a pas été aliéné. Je devrai donc déclarer « Non coupable [1] ».

Cependant, vers le milieu du XIXe siècle, les tribunaux se sont mis à statuer que les jurys devaient s'en tenir aux faits et qu'ils n'avaient pas le droit d'interpréter la loi, les juges seuls pouvant exercer cette prérogative. Mais cela n'a pas vraiment réglé la question. Bien qu'ils ne

1. Cité dans Benjamin R. Curtis, *A Memoir of Benjamin Robbins Curtis,* Boston, Little Brown, 1879. [Notre traduction]

puissent pas interpréter la loi, les jurys ne sont pas tenus de justifier leurs verdicts par écrit ; ils peuvent s'exprimer selon leur conscience, sans tenir compte des explications du juge en ce qui a trait à la loi. En 1929, l'éminent juriste John Henry Wigmore s'est prononcé sur l'importance pour la justice du verdict d'annulation par un jury :

> Il est inévitable que, de temps à autre, la loi et la justice entrent en conflit. Cela s'explique par le fait que la loi est une règle générale. [...] Au moment de ses délibérations confidentielles, le jury adapte la règle générale de la loi à la justice du cas particulier qui lui est soumis. [...] Le jury et le secret de la salle des jurés sont les éléments indispensables de la justice populaire [1].

Un autre grand juriste, Roscoe Pound, a écrit en 1910 que « le non-respect de la loi par un jury constitue un important correctif pour les procédures judiciaires ».

En d'autres termes, si sa conscience lui dicte que les actes des accusés étaient justifiés, le jury doit se mettre à la hauteur de leur désobéissance civile par l'entremise de sa propre désobéissance à la loi. S'il se soumet à l'implacable autorité du juge, il se trouve à renoncer à sa propre

1. Cité dans Jerome Frank, *Courts on Trial. Myth and Reality in American Justice*, Princeton, Princeton University Press, 1949. [Notre traduction]

conscience. Après que le Dr Spock et ses coaccusés antiguerre eurent été déclarés coupables par un jury, un des jurés a déclaré : « J'étais pleinement d'accord avec les accusés jusqu'à ce que le juge nous donne ses instructions : ce fut un coup fatal. »

Un autre juré ayant participé au procès Spock, Frank Tarbi, a expliqué son angoisse aux lecteurs du *Boston Globe* :

> Comment et pourquoi ai-je pu considérer ces quatre hommes comme coupables ? Quatre hommes courageux, que j'ai appris à admirer au fil du procès [...]. En tant que père de trois adolescents, dont deux en âge d'être recrutés, et en tant que vétéran, mon aversion pour la guerre est compréhensible. [...] Étais-je prêt à engager mes fils ? [...] L'argument du révérend Coffin m'a fait réfléchir et a fait mouche : « La Croix n'est-elle pas supérieure au drapeau ? Ne doit-on pas obéir à Dieu avant d'obéir aux hommes ? » Le paradoxe, c'est que je partageais sans réserve l'avis des accusés [...] tout en considérant qu'ils avaient bel et bien, techniquement, enfreint la loi.
>
> Je suis ensuite rentré à la maison. Après avoir embrassé les miens, j'ai commencé à réfléchir et à essayer de leur expliquer [...]. Ces quatre hommes voulaient sauver mes fils, que j'aime tant, et je les ai pourtant jugés coupables. Au diable mon ulcère ! Après quatre ou cinq verres (je ne les comptais plus), je me suis mis à pleurer avec amertume.

Les Neuf de Catonsville, qui avaient occupé un bureau de recrutement, ont porté leur cause devant la cour d'appel. Bien que le jugement ait confirmé le verdict de culpabilité, il comportait cette remarquable déclaration favorable au verdict d'annulation par un jury :

> Nous reconnaissons [...] au jury le pouvoir incontesté de prononcer un acquittement, même si son verdict est contraire à la loi telle qu'expliquée par le juge et ne tient pas compte de la preuve [...]. Si le jury considère comme injuste la loi en vertu de laquelle le prévenu est accusé, que des circonstances critiques justifiaient les actes du prévenu ou qu'il prend en compte toute autre raison faisant appel à la logique ou à la passion de ses membres, il a le pouvoir de prononcer un acquittement, et les cours ont le devoir de respecter sa décision.

Néanmoins, dans la salle d'audience, il n'est jamais facile de convaincre un juge d'accepter de considérer comme éléments de preuve recevables les arguments pouvant amener les membres d'un jury à voter selon leur conscience. Depuis la guerre du Vietnam, les militants qui se sont opposés à la course aux armements ou à l'intervention militaire en Amérique centrale ont tenté d'introduire le concept de défense de « nécessité », ou de « justification » : bien qu'une infraction ait techniquement eu lieu, il était nécessaire de la commettre pour empêcher qu'un tort plus important soit infligé à la société.

En 1980, les « Huit de Plowshares » ont pénétré dans une usine de la General Electric à King of Prussia (Pennsylvanie) et y ont légèrement endommagé des coiffes d'ogives nucléaires afin de protester contre la course aux armements. On les a accusés de violation et de destruction de propriété privée. Le juge n'a pas autorisé la défense de nécessité et, après que les jurés eurent délibéré pendant huit heures, il a menacé de les séquestrer pour la nuit afin de les inciter à prendre leur décision plus rapidement. Le jury a finalement rendu un verdict de culpabilité. Plus tard, le juré Michael de Rosa a déclaré :

> Je ne crois pas que les accusés voulaient vraiment commettre un crime. Ils voulaient protester. [...] Nous ne souhaitions pas les trouver coupables de quoi que ce soit. Mais nous avons dû le faire parce que le juge nous a dit qu'on ne peut agir qu'en respectant la loi.

Quand un jury est autorisé à entendre des témoignages s'inscrivant dans une défense de nécessité, les résultats peuvent être surprenants. En 1984, à Burlington (Vermont), les « Quarante-quatre de Winooski » ont été arrêtés parce qu'ils refusaient de quitter le vestibule des bureaux d'un sénateur. Ils y étaient pour protester contre son vote favorable à l'envoi d'armes aux contras de l'autre côté de la frontière nicaraguayenne. Lors du procès, le juge a autorisé les accusés à présenter une défense de nécessité et à convoquer, pour ce faire, divers témoins experts : un réfugié d'Amérique centrale, qui a décrit la terreur découlant de l'intervention militaire américaine, et un ancien chef de la contra, qui a raconté avoir quitté les rangs de l'organisation lorsqu'il s'est rendu compte qu'elle était téléguidée et financée par la CIA et qu'elle commettait des atrocités à l'encontre du peuple nicaraguayen. Pour ma part, j'ai témoigné de l'histoire de la désobéissance civile aux États-Unis et de son utilité en matière de changement social.

Le procureur de l'État a demandé aux jurés de ne pas tenir compte de ces témoignages. Montrant un grand tableau disposé devant le jury, à la barre des témoins, sur lequel se trouvait un plan des bureaux du sénateur dont les accusés avaient occupé l'entrée, il a déclaré : « L'enjeu, ce n'est ni le Nicaragua ni la politique étrangère des États-Unis. L'enjeu, le voici : la violation d'une propriété. »

Après que le procureur eut terminé son intervention, l'avocate de la défense a entrepris sa plaidoirie. Elle s'est dirigée vers le plan des bureaux du sénateur et l'a replié, dévoilant une grande carte de l'Amérique centrale. La désignant, elle a déclaré : « L'enjeu, le voilà. » Le jury a prononcé l'acquittement.

Peu de temps après, lors d'un autre procès tenu dans l'ouest du Massachusetts, un groupe (comprenant le militant Abbie Hoffman et Amy Carter, fille d'un ex-président) était accusé d'avoir empêché des recruteurs de la CIA d'accéder au site de l'université du Massachusetts à Amherst. Parmi les personnes appelées à témoigner se trouvaient d'anciens agents de la CIA, qui ont expliqué au jury que l'agence avait participé à des activités illégales et meurtrières partout dans le monde. À la lumière de ces témoignages, le jury a acquitté les prévenus.

Plus tard, une des jurées, Ann Gaffney, qui travaillait dans un hôpital, a fait ce commentaire : « Je n'étais pas très au courant des activités de la CIA. Ce récit m'a surprise, il m'a choquée. [...] J'étais plutôt fière des étudiants. » Une autre jurée, Donna Moody, a déclaré : « Les propos des témoins experts contre la CIA étaient très préoccupants, quoique très instructifs. » Le procureur général du comté lui-même, Michael Ryan, a réagi ainsi :

> S'il faut retenir quelque chose de tout cela, c'est que le jury était constitué d'Américains moyens [...], et que les Américains moyens ne veulent pas que la CIA se comporte comme elle le fait.

Dans cette cause, le juge avait autorisé la défense de nécessité et permis au jury de considérer les droits de la personne comme plus importants qu'une procédure légaliste. Les tribunaux vont toutefois persister à faire obstacle au changement et à se faire les gardiens inflexibles de l'ordre établi tant que les jurys ne tiendront pas tête aux juges conservateurs et ne voteront pas selon leur conscience, en commettant leurs propres désobéissances civiles au sein des salles d'audience et en sachant faire fi de la loi pour que triomphe la justice.

Peut-être faudrait-il plutôt dire « en faisant fi de la loi des hommes, de la loi des politiciens », afin de se soumettre à la loi supérieure, celle que le révérend Coffin et le père Berrigan appelleraient « la loi de Dieu » et que d'autres nomment « la loi des droits de la personne » ou « les principes de la paix, de la liberté et de la justice ». (Quand Daniel Berrigan avait gagné la clandestinité, un reporter avait demandé à sa mère âgée ce qu'elle pensait de sa désobéissance à la loi ; calmement, elle avait répondu : « Ce n'est pas la loi de Dieu. »)

Trop souvent, la vérité est tellement contraire à ce que la culture enseigne qu'il devient impossible de la voir. C'est assurément l'obéissance aux gouvernements, à leurs appels au patriotisme et à la guerre qui est responsable de la terrible violence de ce siècle. De manière presque toujours non violente, des citoyens responsables ont désobéi à la loi en vue de mettre fin à la violence de la guerre. En réfléchissant à la guerre nucléaire, le psychanalyste Erich Fromm a un jour évoqué le fruit défendu de la Genèse : « L'histoire de l'humanité a commencé par un acte de désobéissance, et il n'est pas improbable qu'elle se termine par un acte d'obéissance [1]. »

Protester en vaut-il la peine ?

Démontrer l'efficacité de la protestation en matière de changement politique n'est pas chose aisée. Le cas de la guerre du Vietnam en fournit toutefois la preuve éclatante. Les *Pentagon Papers,* documents ultra-secrets portant sur cette guerre, sont truffés de mémorandums illustrant la grande inquiétude du gouvernement face à « l'opinion publique [...], les pressions croissantes pour arrêter les bombardements [...], l'ampleur du mécontentement de la population par rapport à la guerre [...], en particulier celui des jeunes, des défavorisés, des intellectuels et des femmes [...], une limite au-delà de laquelle de nombreux Américains, tout comme une grande partie de l'humanité, ne laisseront pas les États-Unis aller. »

1. Erich Fromm, *De la désobéissance et autres essais*, traduction de Théo Carlier, Paris, Robert Laffont, 1983.

Au printemps 1968, alors que plus de 500 000 soldats américains étaient au Vietnam et que le général Westmoreland en réclamait 200 000 de plus, un petit groupe de réflexion du Pentagone a conseillé au président Johnson d'enrayer l'escalade. On lui a fait remarquer que le nombre de victimes américaines ne pouvait qu'augmenter, sans parler de l'injection de fonds publics. Aussi, constatait-on, « le mécontentement croissant, qui se manifeste par un rejet de la conscription et par des troubles sociaux dans les villes résultant de la conviction que le gouvernement néglige les problèmes nationaux, risque de provoquer une crise intérieure d'une ampleur inouïe ».

Après avoir pris connaissance de ce rapport, Johnson a rejeté la demande de Westmoreland, annoncé une limitation des bombardements du Nord-Vietnam et accepté de participer à des négociations avec les dirigeants nord-vietnamiens à Paris.

Même le président Nixon, qui, à propos de l'opposition croissante à la guerre, avait un jour déclaré que « jamais elle ne m'affectera, de quelque façon que ce soit et quelles que soient les circonstances », a confessé neuf ans plus tard dans ses mémoires :

> Bien que j'aie publiquement persisté à ignorer la controverse antiguerre, [...] je savais que, après toute cette contestation et après le Moratoire [les

manifestations nationales d'octobre 1969], l'opinion publique américaine serait profondément divisée à propos de toute escalade militaire [1].

Thoreau, Jefferson et Tolstoï

De Sophocle, au ve siècle av. J.-C., à Tolstoï, à l'ère moderne, les grands artistes et écrivains ont toujours su ce qui distingue la justice de la loi. Ils ont compris que, tout comme l'imagination est indispensable au dépassement de la tradition, à la découverte et à la création du beau ainsi qu'à la connaissance de l'âme humaine, se tenir en marge des lois et règlements de l'État est nécessaire à l'atteinte du bonheur individuel et collectif.

Dans son célèbre essai, *La désobéissance civile*, Henry David Thoreau écrivait :

> Même les personnes bien intentionnées sont amenées chaque jour, par un respect excessif envers la loi, à être les agents de l'injustice. En veut-on un exemple banal ? Voici une file de militaires – colonel, capitaine, caporal, simples soldats, artificiers et tout le bataclan – qui vont par monts et par vaux au combat, dans un ordre admirable. Pourtant, ils marchent contre leur volonté – que dis-je ? – contre leur bon sens et leur conscience,

1. Richard Nixon, *The memoirs of Richard Nixon*, New York, Grosset and Dunlap, 1978 (notre traduction).

ce qui rend leur avance pénible et fait cogner leurs cœurs[1].

Quand, dans l'ouest du Massachusetts, en 1786, les fermiers se sont révoltés (révolte de Shays), Thomas Jefferson n'était pas sympathique à leur cause. Il espérait cependant que le gouvernement les pardonne. Dans une lettre à Abigail Adams, il a écrit :

> Il est des moments où l'esprit de résistance au gouvernement est si pertinent que je souhaiterais qu'il reste toujours vivant. On le mettra souvent en pratique pour de mauvaises raisons, mais cela vaut mieux que son absence. J'aime bien être témoin d'une petite révolte de temps à autre. C'est un peu comme un orage.

Qui devrait-on admirer ? Qui les jeunes des générations futures devraient-ils prendre pour modèle ? L'adepte d'un strict légalisme ou le dissident qui se bat, soit dans le cadre de la loi, dans ses marges ou en l'enfreignant, mais toujours pour la justice ? Quelle vie vaut le plus la peine d'être vécue ? Celle, convenable, du défenseur obéissant et consciencieux de la loi et l'ordre, ou celle du libre penseur, du rebelle ?

Dans sa nouvelle *La mort d'Ivan Illitch*, Léon Tolstoï raconte l'histoire d'un magistrat appliqué et respectable qui, sur son lit de mort, se

1. Henry David Thoreau, *La désobéissance civile*, traduction de Sylvie Chaput, Montréal, Éditions Typo, 1994, p. 22.

demande pourquoi il sent soudain que sa vie a été épouvantable et vide de sens. « “Peut-être que je n'ai pas vécu comme il aurait fallu ? [...] Mais comment, puisque j'ai toujours fait tout comme il faut ?” [...] [Et] il se rappella aussitôt toute la correction de son existence [...] [1]. »

1. Léon Tolstoï, *La mort d'Ivan Illitch*, Paris, Flammarion, 1993, p. 387.

Du refus d'abandonner

D'abord rédigé pour Z Magazine *en 1990, puis repris dans mon livre* Failure to Quit, *cet article m'a été inspiré (si on peut le qualifier d'inspiré) par mes étudiants des années 1980. Je donnais alors un cours, au printemps et à l'automne, à des groupes de 400 étudiants. J'ai eu beau les observer et les écouter avec attention, jamais je n'ai constaté cette apathie, ce conservatisme et cette indifférence à l'égard du sort d'autrui que tout le monde, à gauche comme à droite, disait être les traits d'une génération censée se regarder le nombril.*

Je peux comprendre le pessimisme, mais je n'y crois pas. Je m'y refuse non pas au nom de la foi, mais plutôt à la lumière de faits historiques. Sans fournir de preuves éclatantes, ceux-ci en disent juste assez pour donner de l'espoir : pour espérer, on n'a pas besoin de certitudes, mais de possibilités. En dépit de toutes ces affirmations péremptoires voulant que « l'histoire démontre ceci » et que « l'histoire prouve cela », celles-ci sont tout ce que l'histoire peut offrir.

Quand, trop souvent, on me dit qu'il ne faut pas s'attendre à de grands changements de la part de la jeune génération d'aujourd'hui, je me remémore le désespoir qui régnait au tout début des années 1960.

Vers la fin des années 1940 et dans les années 1950, des historiens comme Richard Hofstadter et Louis Hartz constataient avec regret la prédominance, durant toute l'histoire des États-Unis, d'un « consensus » progressiste-conservateur, toujours en vigueur et limitant considérablement les possibilités de changement. Au début des années 1960, Herbert Marcuse disait de la société et de la pensée américaines qu'elles étaient « unidimensionnelles », en ce sens où toute idée vraiment progressiste était récupérée ou détournée de son sens, et que la dissidence était réprimée par l'entremise de la « tolérance ».

Il est difficile de lire ces auteurs – dotés d'une conscience sociale et souhaitant eux-mêmes le changement, bien que ne nourrissant que peu d'espoir à cet égard – sans ressentir un profond pessimisme quant aux possibilités de transformation de la société américaine. Début 1960, le philosophe de Princeton Walter Kaufmann se plaignait de cette « génération non engagée » en écrivant : « Ce qui les distingue, c'est qu'ils ne se vouent à aucune cause. » Ni lui ni Hofstader, ni Hartz ni Marcuse n'auraient pu prévoir ce qui allait bientôt se produire ; en fait, personne n'aurait pu le faire.

En cette première année de la nouvelle décennie, le 1er février, quatre étudiants noirs du Collège agricole et technique de Caroline du Nord se sont assis au comptoir d'une cafétéria de Greensboro réservée aux Blancs ; ayant refusé de quitter les lieux, ils ont été arrêtés. En deux semaines, des sit-in ont eu lieu dans quinze villes de cinq États du Sud ; à la fin de l'année, 50 000 personnes avaient participé à des manifestations dans des centaines de villes, et 3 600 personnes avaient été emprisonnées.

Cette affaire a été le point de départ du mouvement des droits civiques, qui s'est ramifié en mouvement pacifiste, en mouvement féministe et en révolution culturelle. Des centaines de milliers, que dis-je, des millions de personnes y ont pris part, que ce soit pour une courte période ou pour toute une vie. Ce phénomène sans précédent, imprévu et, pour au moins 15 ans, incontrôlable a secoué le pays et surpris le monde entier, avec des conséquences dont on ne mesure pas encore toute l'ampleur.

Il est vrai que ces mouvements n'ont pas pu mettre fin à la guerre, à l'exploitation, à la faim, au racisme, aux interventions militaires, au nationalisme et au sexisme, mais ils ont tout de même conduit à l'abolition des lois de ségrégation raciale, à la fin de la guerre du Vietnam et à la fin des avortements illégaux. Et ce n'était qu'un début.

Une génération non engagée ? C'était aussi mon avis quand, démobilisé de l'armée de l'air, marié, père de deux jeunes enfants et achevant mon doctorat en histoire à l'université Columbia, je suis parti dans le Sud, à Atlanta, Georgie, pour y enseigner. J'avais été embauché par le collège Spelman, où de jeunes Noires, filles de porteurs de bagages, d'enseignants, de pasteurs, de femmes de ménage, de manœuvres ou de fermiers, venaient étudier. C'était en 1956. Sur ce campus tranquille, odorant et bordé d'arbres, où régnaient calme et retenue, seule une attention minutieuse aux murmures et aux silences permettait d'entrevoir, sous la surface, un profond ressentiment. En 1960, effectivement, ces mêmes étudiantes tranquilles avaient déjà fait des sit-in, des manifestations et du piquetage, quitte à finir en prison. Cette expérience m'a appris que j'avais fait erreur en associant l'inaction à un manque de réflexion et à l'indifférence. Celle-ci était plutôt liée à l'absence d'occasions, de débouchés, d'exemples à suivre, de groupes auxquels se joindre ; dès qu'il en est apparu quelques-uns, le silence s'est mué en vague de protestations.

Un tel mouvement de contestation n'a plus cours aujourd'hui. On constate plutôt une combinaison indéfinie de silence et d'agitation. Ce silence mérite que l'on s'y attarde. Aux élections de 1984, aux États-Unis, une majorité silencieuse, représentant 68 % des inscrits (nombre obtenu en ajoutant aux 21 % d'électeurs ayant voté pour Mondale les 47 % qui n'on pas pris la peine de se déplacer), a refusé d'appuyer Reagan. Ce dernier n'a ainsi reçu que 32 % d'appuis, ce qui n'a pas empêché une presse docile et une opinion publique crédule de qualifier ce score de « victoire écrasante ».

Il n'y a cependant pas que le silence. Il est resté quelque chose des années 1960. Il est vrai que certains pionniers des mouvements sociaux de l'époque se sont laissé dévorer par le tigre affamé de la survie et du « succès », vivant désormais – heureux ou non, mais s'en contentant – dans le ventre de la bête. Cependant se trouvent dans la cage d'autres personnes qui, armées d'une chaise et de bonne volonté, tiennent les carnivores à distance, refusant obstinément d'en être les proies, se tenant à l'affût d'occasions de changement, poussant le système à ses limites tout en portant leur regard au-delà et en maintenant l'esprit de la résistance bien vivant.

Je me rappelle deux de mes étudiantes de Spelman parmi toutes celles qui furent emprisonnées à la suite des sit-in d'Atlanta : Marian

Wright, qui, après des études à l'école de droit de Yale et une période d'activisme au Mississippi, est devenue l'infatigable directrice du Children's Defense Fund à Washington, et Alice Walker, aujourd'hui poète, romancière et militante féministe. Je pense aussi à Carolyn Mugar, qui accompagnait les soldats opposés à la guerre à l'époque du Vietnam et qui, récemment, était syndicaliste dans le sud du Massachusetts. Ou à Bernice Reagon, leader étudiante et membre des Freedom Singers à Albany (Georgie) en 1961-1962, désormais historienne du folklore à l'institut Smithsonian, esprit redoutable et voix impressionnante chantant toujours pour la liberté au sein du groupe Sweet Honey on the Rock. Sans oublier Staughton Lynd, historienne, organisatrice des Freedom Schools au Mississippi et militante pacifiste dans les années 1960, aujourd'hui avocate en droit du travail en Ohio.

Nous connaissons tous des gens d'une telle trempe, et ce, bien au-delà de notre entourage immédiat. Partout au pays, il existe des milliers de groupes – bien plus qu'il n'en existait dans les années 1960 – qui, à l'échelle locale, défendent les droits de locataires ou ceux des femmes, militent pour la protection de l'environnement ou contre la course aux armements, s'occupent des affamés, des sans-abri ou des personnes nécessitant des soins de santé. Des dizaines de milliers de professionnels, dont plusieurs sont issus des mouvements sociaux des années 1960, répandent des idées peu orthodoxes et véhiculent des valeurs humanistes dans les cours, dans les classes, dans les hôpitaux.

Plus de 50 000 personnes ont signé le *Pledge of Resistance* (le Serment de résistance), s'engageant ainsi à résister à l'intervention des États-Unis en Amérique centrale. Certes peu nombreux, ces signataires sont toutefois représentatifs de l'opinion d'une bonne partie de la population : d'un sondage à l'autre, on constate une majorité d'opposants à la politique du gouvernement en Amérique centrale. On peut supposer que l'invasion du Nicaragua, tant souhaitée par l'administration Reagan, a été étouffée dans l'œuf, en dépit de la couardise du Congrès, parce que l'opinion publique ne l'aurait pas appuyée.

Lorsque des militants commettent des actes de désobéissance civile afin de protester contre la CIA, contre la course aux armements ou contre le soutien aux contras, on peut mesurer, au moins grossièrement, leur distance de l'opinion générale par la réaction des jurys, constitués de citoyens ordinaires. Pendant la guerre du Vietnam, quand des religieux pacifistes ont commencé à occuper illégalement des bureaux de recrutement pour en détruire les registres, les jurys se sont montrés de plus en plus réticents à prononcer des verdicts de culpabilité ; vers la fin de la guerre, les « Vingt-huit de Camden » ont été acquittés de manière spectaculaire par un jury, qui a ensuite organisé une fête en leur honneur.

De nos jours, à des stades beaucoup plus précoces d'une intervention américaine, il arrive que des personnes accusées de désobéissance civile soient acquittées si l'on a permis aux jurés de connaître les raisons pour lesquelles elles ont agi. Au printemps 1984, à Burlington (Vermont), les « Quarante-quatre de Winooski » avaient occupé les bureaux du sénateur Stafford afin de dénoncer son appui à la politique d'aide aux contras. Le jury a pu écouter pendant plusieurs heures des témoignages relatant les conditions de vie au Nicaragua, le rôle de la CIA et la nature de la contra ; il a finalement prononcé un acquittement. L'un des jurés, peintre en bâtiment des environs, a déclaré : « Ce fut un honneur pour moi d'être membre de ce jury. J'ai eu le sentiment de faire partie de l'histoire. »

La même année, à Minneapolis, sept « intrus » ayant manifesté sur le site de la société Honeywell ont été acquittés. En 1985, des hommes et des femmes ont barré l'accès au camp d'entraînement naval de Great Lakes, en Illinois, d'autres ont bloqué les portes du consulat sud-africain de Chicago, et 19 personnes ont forcé l'arrêt de trains transportant des ogives dans l'État de Washington ; toutes ces personnes ont été acquittées. L'an dernier, dans l'ouest du Massachusetts, où une manifestation contre la CIA avait eu lieu, un jury a prononcé un autre surprenant acquittement. Une jurée, Donna L. Moody, a fait la déclaration suivante à un journaliste : « Les témoignages d'experts contre la CIA étaient tous très inquiétants. Ç'a été très instructif. »

Ces six dernières années, 18 actions du mouvement Plowshares – des sabotages symboliques d'armes nucléaires – se sont presque toutes soldées par des verdicts de culpabilité. Dans le cas le plus récent, où deux prêtres catholiques, accompagnés de deux autres militants, étaient entrés par effraction dans une base aéronavale des environs de Philadelphie et avaient endommagé trois avions, le juge n'a pas accepté la défense de nécessité, mais a autorisé le jury à entendre les motivations des accusés. Celui-ci n'a pas été en mesure d'en arriver à un verdict.

Voilà quelques années, au moment de l'annonce du blocus du Nicaragua par l'administration Reagan, 550 participants à un sit-in de protestation devant un édifice fédéral de Boston ont été arrêtés ; j'étais du nombre. Il semble qu'une telle masse d'opposants fût ingérable, si bien qu'on a laissé tomber les chefs d'accusation. Sur ma citation à comparaître, j'avais constaté qu'on nous accusait tous de « refus d'abandonner les lieux [1] », une première. De toute évidence, le caractère persistant du mouvement pour les droits de la personne, ici comme ailleurs, en est un aspect essentiel !

On dénigre souvent les étudiants d'aujourd'hui en affirmant qu'ils n'en ont que pour l'argent et leur propre personne. En fait, c'est leur avenir matériel qui les préoccupe, ce qui témoigne de l'échec du système économique à subvenir aux besoins de la jeunesse plutôt que de leur indifférence à l'injustice sociale. Il n'en demeure pas moins que, ces dernières années, des actions politiques ont eu lieu sur des campus partout au pays. En 1986 seulement, on compte notamment celles-ci : un groupe de 182 étudiants réclamant que l'on cesse d'investir en Afrique du Sud a été arrêté à l'université du Texas ; un dîner de gala offert aux anciens de Harvard a été annulé à la suite d'une manifestation condamnant l'université

1. En anglais : *failure to quit,* qui constitue aussi le titre original de cet article. Cette expression comporte un double sens : d'abord le sens propre à l'accusation (un refus de quitter les lieux et d'arrêter de commettre l'acte que l'on est en train de perpétrer, infraction n'existant que dans certains États américains) ; ensuite la persévérance, la détermination à agir contre vents et marées propre à ce mouvement social. [NdT]

pour les actifs qu'elle détenait dans des entreprises faisant affaire au pays de l'apartheid ; les poursuites contre 49 militants du collège de Wellesley ont été abandonnées après que la moitié des étudiants du campus eurent boycotté les cours en appui à leur cause ; on pourrait ajouter à cette liste les nombreuses manifestations s'étant déroulées à Yale, au Wisconsin, à Louisville, à San Jose, à Columbia...

Que dire des autres étudiants, ceux qui ne protestent pas ? Parmi ceux qui suivent mes cours, qu'ils proviennent des arts libéraux ou de la maîtrise en administration des affaires ou qu'ils soient des cadets du Corps d'instruction des officiers de réserve (ROTC), on compte bien des ultra-patriotes ou des passionnés du capitalisme, mais il s'en trouve d'autres qui méritent ici un peu d'attention.

Dans son journal de bord, un étudiant du ROTC, dont le père et le frère étaient dans la marine, l'un pilote, l'autre commandant, écrivait ceci :

> Ce cours m'a poussé à me renseigner sur l'Afrique du Sud. Ce que j'ai appris m'a donné la nausée. Tout mon semestre a pris l'allure d'un paradoxe. En classe, nous avons écouté le témoignage captivant d'un vétéran du Vietnam, Joe Bangert. Au bout de l'heure et demie qu'a duré son allocution, je haïssais la guerre du Vietnam autant que lui. Le problème, c'est que, trois heures plus tard, j'étais

> en train de marcher au pas, en uniforme [...] et que j'en étais très fier. Y a-t-il quelque chose qui cloche en moi ? Suis-je hypocrite ? Parfois, je ne le sais plus [...].

Une jeune femme du ROTC écrivait quant à elle :

> L'ignorance démontrée par certaines personnes à la fin des cours m'a profondément marquée. Nous discutions d'aide sociale. Certains étudiants en qualifiaient les bénéficiaires de paresseux qui, s'ils le voulaient vraiment, se trouveraient un emploi. Aargh ! Ces gosses de riches (ou de la classe moyenne ou de quelque autre origine) qui ne manquent de rien et se croient formidables me mettent en colère [...].

Après avoir vu le film *Hearts and Minds,* la même étudiante écrivait :

> Le général Westmoreland y déclare que « les Orientaux n'accordent aucune valeur à la vie ». J'étais bouche bée. On voit ensuite un petit garçon tenant une photo de son père en pleurant à fendre l'âme. [...] Je dois admettre que j'en ai moi-même pleuré. Le pire, c'est que je portais l'uniforme ce jour-là, et que j'ai dû m'efforcer de ne pas m'enfoncer dans mon siège.

Voici ce qu'écrivait une jeune étudiante de l'école de gestion :

> Oliver North a enfreint la loi, mais sera-t-il puni ? [...] Si on le laisse tranquille, c'est tout le pays qui est puni. C'est chaque jeune des quartiers

> pauvres mis en prison pour avoir volé de la nourriture en vue de nourrir ses frères et sœurs qui est puni. C'est chaque vieillard devant lutter pour ne pas geler par une nuit d'hiver qui est puni. [...] La loi est censée être la même pour tous et doit garantir la paix. Elle ne remplit pourtant ses fonctions que de manière sélective, quand ceux qui ont le pouvoir le veulent bien.

Il va sans dire que l'histoire ne repart pas à zéro chaque décennie. Toute époque récolte les fruits d'époques précédentes. Les êtres humains, les écrits et toutes sortes d'agents de transmission portent leurs messages d'une génération à l'autre. Pour rester dans le coup, j'essaie d'être pessimiste, mais quand j'observe les décennies passées, il me semble que l'avenir, bien qu'incertain, est possible.

Table

Note de l'éditeur 7
Au-delà de Barack Obama 13
La loi et la justice 37
Du refus d'abandonner 115

Dans la collection « Instinct de liberté »

1. Noam Chomsky, *Instinct de liberté*
2. Noam Chomsky, *De l'espoir en l'avenir*
3. Francis Dupuis-Déri, *Les Black Blocs*
4. Noam Chomsky, *Un monde complètement surréel*
5. Errico Malatesta, *L'anarchie*
6. Normand Baillargeon, *L'ordre moins le pouvoir*
7. Élisée Reclus, *L'évolution, la révolution et l'idéal anarchique*
8. Normand Baillargeon, *Petit cours d'autodéfense intellectuelle*
9. Normand Baillargeon, *Éducation et liberté. Anthologie, Tome I, 1793-1918*
10. Norman Nawrocki, *L'anarchiste et le diable* (récits)
11. David Graeber, *Pour une anthropologie anarchiste*
12. John Holloway, *Changer le monde sans prendre le pouvoir*
13. Mathieu Houle-Courcelles, *Sur les traces de l'anarchisme au Québec (1860-1960)*
14. Daniel Bensaïd, *Les dépossédés*
15. Voltairine de Cleyre, *D'espoir et de raison. Écrits d'une insoumise*
16. Do or Die, *Bastions pirates*